大展好書 好書大展

大展好書 好書大展

10

實用女性學講座

愛情的壓力解套

中村理英子/著
劉 小 惠/譯

大展出版社有限公司

目錄

［序　章］❖在戀愛中生病的女性增加了
充滿壓力的現代戀愛……………………………………一二
因為愛而生病的女性增加的理由……………………一四
自律神經失調症及荷爾蒙異常………………………一五
容易被愛情牽絆的性格類型…………………………一七
沒有壓力的戀愛並不存在……………………………一八
［第1章］❖失戀的損失是使身體受傷
奔放於戀愛中的女性掉落愛的陷阱中………………二二
在年輕女性中蔓延的性行為感染症…………………二三
失戀的壓力出現在身體時……………………………二五

將自己完全讓給對方的戀愛……二七
注意到有一半是自己的責任……二八
無法接受失戀事實的女性……三〇
心理的疾病與身體的疾病……三二
內心與身體的異常……三三
誘發自律神經失調症及其他疾病……三五
沒有辦法接受失戀的打擊就無法治癒……三七

〔第2章〕❖懷孕是和戀人的人生區隔的時候

男女對於懷孕的「實感」不同……四二
清楚表示自己意思的女性……四三
一定要讓自己的心情重新恢復……四七
拜託女性「生下孩子」……四七
對於自己不想做的事情堅決說「ＮＯ」……五〇

對於自己沒有自信的女性的決斷……五二
覺得暴力男性有魅力的女性心理……五三
經過二、三次轉變後，她終於掌握了自己想要的……五五

[第3章] ❖破裂的男女緊張關係

成人與小孩內心的病理……六〇
對於痛苦的事情卻不說「痛苦」……六二
已經成年的小孩不懂愛的方式……六三
爲什麼要責備自己呢……六四
結婚後就改變的男性病態心理……六八
比自己年輕的男性是理想的結婚對象嗎……六九
雖然不是表現出暴力的男性……七〇
如何判斷一個人……七二
人的行動決定於關係性中……七四

覺得壞男人有魅力的女性心理 …………七六
散盡金錢因此感到失望 …………七七
著眼於現實的關係 …………七九
眞正希望他還的是金錢嗎 …………八一
盡早調適自己的心情 …………八三
爲什麼壞男人有魅力 …………八四

[第4章]❖不想結婚的女性的病理

認爲結婚沒有意義的現代女性 …………八八
結婚有什麼好呢 …………九〇
一生中有三次和命運之神相遇嗎 …………九二
人邁向成熟的必經階段 …………九四
犧牲身體所求爲何 …………九七
出血狀況尚未停止就到海外 …………九九

不會自我管理的女性……一〇〇
連自己都不知道，旁人又能如何……一〇三
不關心自己身體的女性心理……一〇五
因此無月經，所以身體狀況好嗎？……一〇六
荷爾蒙降低就不會發情嗎？……一〇八

[第5章] ❖結婚前夜迷惘的女性心理

因爲拒絕男性而感到不安……一一二
無法拒絕求婚的女性……一一四
正確地面對自己……一一六
看清對方另外一面的時候……一一八
不想結婚，只想要孩子……一二〇
因爲想要小孩而結婚……一二一
未婚女性的人工授精……一二三

想生小孩的本能……一二六
因年齡不同而有不同的結婚決斷……一二九
適齡期的魅力……一三一
晚婚化的缺點……一三四
晚婚化與親子關係……一三六

［第6章］❖**遠離戀愛的心病**

錯誤的認定綁住自己的心……一四〇
是內心的問題或身體的問題……一四一
自我意識過剩……一四三
自卑的束縛……一四五
如何和自己的缺點交往……一四六
沈迷於減肥的女性心理……一四八
減肥而使得身心受傷時……一五〇

減肥導致拒絕人際關係……一五三
一吃就有罪惡感……一五四
神經質，苦於人際關係的女性增加……一五六
欠缺觀察對方情緒的能力……一五七
缺乏自我主張……一五九
創造良好人際關係……一六二

[第7章]❖苦惱是邁向成熟的第一步

用新的戀情治療失戀的壓力……一六六
壓力使得食慾喪失……一六八
無月經奪走身體的年輕……一六九
使身體獨立……一七二
「好孩子」的典型症狀……一七四
遠離依賴的心理……一七五

改變與母親的關係，做另一種「好孩子」…………一七八
理想的母女關係是陷阱…………一八〇
姐妹都出現厭食症的例子…………一八二
小孩子受母親的影響很大…………一八四
孩子越過雙親這個障礙…………一八五
測量基礎體溫，了解自己的身體…………一八七

〔序章〕

在戀愛中生病的女性增加了

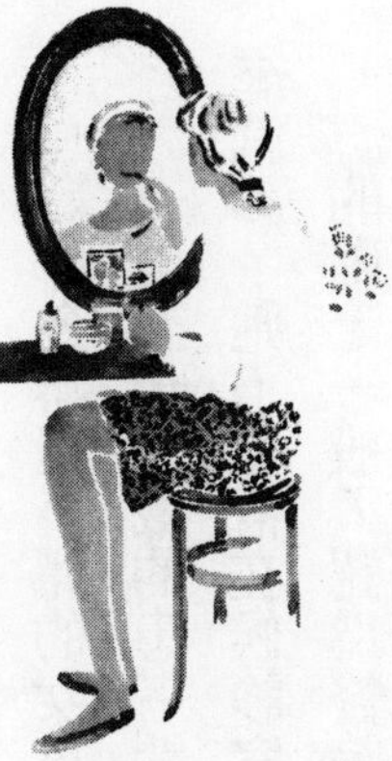

充滿壓力的現代戀愛

「好多年輕美麗的女孩坐在外面候診，她們到底是哪裡不舒服呢？」一位五十多歲的患者問我這個問題。她本身是因爲更年期自律神經失調而前來就診，她不相信在候診室中的年輕女性們是病人。

的確，一般人認爲醫院的候診室中應該是一些老人、小孩等對於疾病的抵抗力弱的人，或是產科、婦科的人才應該來。

然而，病人驚訝的是，像今天這種年輕的女性患者非常多。在我的診所中，平常只要到了傍晚或星期六，就會出現許多年輕女性上班族患者。

本來女性就比男性不容易生病。尤其在二十多歲到三十多歲這段期間，守護身體不受疾病侵犯的荷爾蒙的作用呈現最活躍的時期，因此很少上醫院。

但是，最近卻有很多年輕女性前來求診。

爲何年輕女性來醫院的比例增加了呢？「壓力」是最大的原因。

壓力大部分是因爲過度疲勞、睡眠不足、不規則的生活等身體的因素造成的，這些只要睡眠充足就可治好，很容易對付。

問題是，讓人無法沉穩入睡的「精神壓力」。

其中以在上班場所人際關係引起的問題爲多，但另外一大特徵就是「異性關係」。

換言之，因爲「戀愛」煩惱而像生病般的年輕女性增加了。

一般而言，戀愛會對女性的身體造成很大的影響，這是衆所皆知的事情。「美麗的戀情」會使皮膚頭髮都顯得光滑，有這種經驗的人不少。這是因爲荷爾蒙及自律神經的作用良好的證據。這種心靈的狀態，不只眼睛看到的部分，也影響了身體的內部。

這麼說來「充滿壓力的戀愛」，就相反地會對女性的身體造成自律神經失調症或荷爾蒙異常。這麼說也許有很多人不相信，但事實上，年輕女性的身體很可能會出現像更年期女性一樣的症狀。

♣因爲愛而生病的女性增加的理由♣

我已行醫二十年了，從來沒有聽過因爲戀愛煩惱而眞正生病的例子。

爲什麼因爲「愛」而生病的女性增加了呢？

第一要思考是，因爲時代的變化所帶來的「戀愛」中的女性立場發生激烈的變化。

當然，昔日的女性也有心中的白馬王子，遇到心儀的男性就會想和他產生「戀情」。但是如果對方沒有什麼表示，這段戀情也許就會淡淡地結束。與其說這是個人戀愛意識的問題，倒不如說是整個社會的風潮。

當有男性打電話來時，父親就會隨隨便便地將這個男性的電話掛斷。還沒嫁人之前喝酒至深夜，喝醉了才回來，就會被鄰居評價爲「不像樣」。在這種時代，也許女性在還沒有什麼戀愛經驗的狀況之下就到了適婚期。

另一方面，年輕男性如果要選擇遊玩的對象，就會選擇內行的女性，這好像是一種規則性。如果和普通的年輕女孩發生性關係，對方也不會大喊大叫地說

「你要對我負責」。

這種戀愛時代，一般女性很少受到很深的傷害。

然而，隨著時代的變遷，女性對於戀愛出現了積極性。

當發現不可多得的好男性時，自已就會積極去爭取的女性增加了，性也逐漸開放，內行人和外行人的分別已經看不出來的。此外，也有晚婚化的傾向，自由戀愛的期間延長了，而婚前交往也不是什麼稀奇之事。

戀愛的質、量都明顯大增，因此，在戀愛中失敗就會遭受很深的傷害，這種女性也增加了。而戀愛這種東西，越是積極，受傷的程度也就越大。

此外，另一項原因是和最近女性的氣質有關。

神經非常纖細，只要一點點壓力就會造成身心的平衡崩潰，這種女性增加了。後面將詳述。這一點是否也和少子化現象及親子關係有關呢？

♣自律神經失調症及荷爾蒙異常♣

因為戀愛而煩惱，使得整個身體崩潰也沒有關係，但是出現最多的症狀，就是自律神經失調及荷爾蒙異常。這就是所謂的壓力性疾病。

所謂自律神經失調，簡單地說，就是身體各方面出現混亂。頭痛、暈眩、心悸、食慾不振、噁心、胃腸障礙，造成「失眠」或「什麼都不想做」的症狀。此外，也會使鼻炎、過敏、氣喘等過敏性疾病症狀惡化。

另一方面，荷爾蒙異常最典型的症狀，就是月經異常。

持續原因不明的出血，發現「子宮或卵巢不知道長了什麼東西」的患者也有。但是，實際上由壓力引起的問題，不只是你的身體而已，連頭腦也會發生問題。

此外，也會產生無月經的情形。和不正常出血不同，也有人覺得無月經（沒有什麼大不了的），因此放任不管。但這是最大的錯誤。因爲無月經就是因爲荷爾蒙分泌異常所造成的大疾病之冰山一角。

荷爾蒙異常最大的問題，就是腦及卵巢的分泌不配合。當卵巢通知腦部「排卵時期快到了」，但是腦收到這個通知，發出指令「排卵，分泌黃體荷爾蒙」，然而身體卻沒有反應。接下來腦就忘記這個指令了。

荷爾蒙是透過血管而充滿全身，使身體活潑有朝氣。因此，像無月經這種荷爾蒙異常所引起的症狀，代表包含內臟在內，全身的機能低下。

此外，也有自律神經及荷爾蒙同時障礙而引起的問題，兩者都容易受到壓力的影響，這是由於頭腦的中央部位的視床下部的控制所致。當症狀出現時，疾病就更難治療了。

♣容易被愛情牽絆的性格類型♣

對人的感覺大而化之，不斷地更換男朋友的年輕女性，乍看之下有點令人擔心（這個女孩沒有問題嗎）。但是，這種女孩即使失戀了，也會以「沒關係，我就等下一次機會嘛」，這種心情面對失戀，因此不容易罹病。

容易受愛情牽絆、容易生病的類型，是很認真、規規矩矩、完美主義、內向型的女孩。這一類型的女孩較禁不起壓力。

像這種類型比較不會控制自己的情緒，一旦被戀愛絆住，往往不會再將眼光投注於其他男性身上。就好像走入謎宮般，越走越迷，怎麼樣也走不出來，總是在同一地方打轉。

但是，她們很少有神經系統方面的疾病。通常是憂鬱症狀出現時，造成視野狹窄，言行有些異常，但這只是偶爾出現的憂鬱症狀而已。壓力性的疾病也包含憂鬱在內，必須首先治癒。

「因愛而生病的人一定都是那些優柔寡斷的女孩」，也許很多人會這麼想，但這種感覺是完全錯誤的。

容易受愛情牽絆或受傷深淺，和女孩美不美無關。其過程卻有顯著的不同，令人意外的是，美女的症狀較重，而且需要較長的時間恢復。

不只是外在的容貌而已，和頭腦也有關係，頭腦越好，對自己越有自信的人，其症狀越惡化。根據我的看法，這是因為對於自己過強的自信，使得自己沒有辦法重新站起來。

♣沒有壓力的戀愛並不存在♣

有一說認為人一有壓力就會死，壓力能帶來適度的刺激，可提高人的抵抗力，使人生存。但是這種刺激如果極端，就會造成疾病。

關於戀愛的壓力也相同。正因爲壓力的刺激，加強了愛情的深度，提高了愛情。但是如果刺激過強時，就會使人生病。就像沒有不具壓力的人一樣，不具壓力的愛情也不存在。

問題並不是壓力這種東西，而是怎麼和壓力交往。

因爲愛而煩惱、而生病。戀愛所帶來的壓力，該如何將其視爲好朋友。比較不會處理戀愛壓力之女性，有幾個共通的類型，她們禁不起一點小小的打擊，只要一點挫敗，她們就無法站起來。我想對各位提出一些建議，因此寫了本書。

以下所舉的具體例子，並不是指特定的個人，而是就我身邊所接觸之人的情形，做了一個總整理，並舉出典型的例子。

本書中出現的人物，一定有和妳或妳周圍的人類似的情形，這些都是發生在我們身邊的事情。如果我們能夠了解這些隨時隨地都可能發生的症狀，我們的心情就會輕鬆許多。

〔第1章〕

失戀的損失是使身體受傷

奔放於戀愛中的女性掉落愛的陷阱中

如果你愛一個人，但是對方卻不能接受你，這種悲哀就像自己的存在非常沒有意義般。這種感情一旦強烈地出現時，則不只是自己，甚至會出現攻擊對方的負面能量。

這種事情不只發生在今日。很久之前就發生一則傳說，一位女孩愛上一位男孩，但是這個男孩未接受她，於是這個女孩化身爲一條大蛇，殺死這個男孩。因此，失戀這種負面的能量是很可怕的東西。

即使是現代，失戀所造成的損失仍然會使身體出現各種症狀。雖然不會變成大蛇，但是身體起了急劇的變化也很麻煩。

眞心喜歡一個人，但是卻得不到相同的回應，愛得越深，所受的傷害就越深。相信這是很多人都有的經驗。但是，雖然同樣受到很深的打擊，也有些人沒有辦法從一時的失意中走出來，持續生病的樣子，甚至有人越陷越深，終至造成嚴重症狀。以下舉出比較容易恢復，以及需要花較長的時間才能恢復的例子。

♣在年輕女性中蔓延的性行為感染症♣

首先是容易從陰影中走出來的人。有一位臉型爲圓形的可愛女性，任職於某公司，現年二十三歲，是一位朋友的女兒。她從小就經常帶著笑容，身材圓了些，但絕對不胖，她很喜歡曬太陽，所以肌膚呈現美麗的小麥色。

因爲她活潑可愛，所以有很多男孩追求她。有時候她因爲細菌感染而到我的診所來。

革蘭氏陰性細胞感染是性行爲感染症（STD）之一，在孕婦身上進行抽樣檢查時，約百分之四～十三的孕婦感染。我提醒她注意「連他也要一起治療，否則會成爲疾病的帶原者」，這時她歪著頭說「到底是哪個他呢」。這雖然有點令人傷腦筋，但是樂天的她和因爲愛而生病的形成對比。

某個夏天，好久不見的這位小姐，我們就稱她爲圓小姐吧，她又到我的診所來。這時她的肌膚不再像以前曬得那麼黑了。一問之下，原來她不再參加衝浪活動了。她茶色的頭髮也恢復爲黑色，感覺上整個人有點變了。

當天，她也是因爲前述的感染症而前來接受檢查，但是她對於疾病的反應和以前完全不一樣了。她以「眞擔心自己的身體」的表情，認眞地說：「如果他也來接受檢查，就知道是由誰傳染給誰了。」

很可惜的是，即使經由檢查得知對方也感染，也只是知道雙方互相傳染而已，無法檢查出誰才是帶原者。但是我還是建議她最好雙方都進行檢查，才能夠進行確實的治療。

隔次，圓小姐就帶著對方前來就診。他是圓小姐的同事，比圓小姐長七歲，看起來像是一位很穩重的男性。圓小姐之所以停止海上活動，我想就是因爲他的緣故吧！

檢查結果，他並沒有被感染。這種疾病的感染率爲百分之三十～四十，因此，即使和感染者發生性行爲，也未必會被感染。

但是事情痲煩了，圓小姐因爲擔心他而勸他接受檢查，結果卻證實圓小姐是和其他男性有性行爲而感染的。有了這層認識後，應該就要採取其他的對應，但是圓小姐不知道是否太粗心大意，她並沒有考慮這一點。

♣失戀的壓力出現在身體時♣

圓小姐再度出現在我的面前，是檢查後過了半年。我不自覺地以病歷表上的名字和她現在的面孔相比。發現她的臉型變了，變得非常消瘦。

當一個人的體重急速下降時，鼻子下端會呈現極度的消瘦，圓小姐的臉也出現這種急速消瘦的特徵，即口唇旁邊出現小皺紋。

「怎麼了？」

「他結婚了……」

圓小姐以沈重的語氣說。我問她一些問題，照圓小姐的說法，他是在和圓小姐交往之前就決定和現在的妻子結婚了。這麼說來不是因為來醫院檢查的緣故，而是他一開始就沒有打算和圓小姐結婚。

圓小姐受到很大的打擊，因此食慾不振、失眠，最後還去看了精神科。而這次她是因為胃痛得很厲害而來我的診所。（我看婦產科及內科）

人處於憂慮狀態下時，臉上的表情消失，呈現出好像假面具的獨特面貌。這種情形正印證在圓小姐身上。本來是非常開朗、活潑，經常掛著微笑的圓小姐，現在卻整個臉都變了。

至於胃痛的問題，檢查結果，還好沒有引起胃潰瘍，只是單純的胃炎而已。因爲壓力而胃痛，這種日常的生活經驗相信每個人都有過。由醫學上說明，缺乏食慾時，胃就會呈現空的狀態，因此自律神經的平衡狂亂，使得胃液分泌異常。如此一來就會出現反胃現象，越來越吃不下，因而造成惡性循環，自己的胃液傷了胃壁，因此，引起了發炎症狀，或是潰瘍。

在這種情形之下，即使沒有食慾，至少要喝一杯溫牛乳。這樣才能保護胃壁，不致於造成惡性循環。

除了胃炎之外，我也很擔心她的荷爾蒙異常。瘦到這種程度，因爲壓力的關係，也會使得荷爾蒙分泌出現異常。但是，根據圓小姐所帶來的基礎體溫表，發現其月經、排卵都正常。這算是不幸中的大幸。

這是很少見的例子。圓小姐的荷爾蒙分泌本來就非常好，而是她有測量基礎體溫的習慣。雖然各位會覺得不可思議，但是如果每天量基礎體溫，會使荷爾蒙的作用非常好。「沒什麼關係，只是胃炎而已」，我以開朗的聲音對她說道。因為這和荷爾蒙分泌異常相比，胃炎容易治療多了。

♣將自己完全讓給對方的戀愛♣

因為失戀，造成整個身體垮了的人非常多。老實說，圓小姐算是很快就從失敗中站起來的類型。實際上，她以前就談過不少次戀愛。

但是這次不一樣，她之所以會這麼投入，是因為她想到「相信能和他結婚」，而且「想結婚」。

依照那個男人的說法，圓小姐相信自己能和他結婚。但是隨著談及婚事，又發現對方這股氣息沒有這麼濃厚。也許男性想好好享受戀愛吧！

如果圓小姐多注意，難道無法看清對方的心態嗎？我並不這麼認為。對於連自己的興趣都能完全改變的熱情的她而言，這是有點困難的。

換言之，不論你再怎麼喜歡一個人，如果將自己完全讓給對方，無法築起良好的伴侶關係。這就要談到平衡問題了，過於拘泥自己會對戀愛造成阻礙，但是完全沒有了自己的個性，一味配合對方，也是問題。

不愛自己的人無法愛別人，沒有辦法看透自己內心的人，也無法摸透別人的心。換言之，一定要好好對待自己，才是人際關係的基本之道。

♣注意到有一半是自己的責任♣

很多人大約花三個月的時間，就能從失戀的陰影中重新站起來，但是圓小姐即使過了這段時期，還是沒有辦法擺脫憂鬱狀態，而且食慾也未恢復。

事實上，她無法調適自己的心情之最大理由，是因爲和他在同一個公司上班。每天都必須見面，就算想忘了對方也很難。

但是沒有辦法，這就是辦公室愛情的宿命。我們也只能說「沒有辦法，誰叫你和同事交往呢」。

也許這種說法有點冷淡，但是如果沒有儘早注意「會導致今日的狀況，有一半責任是自己的」的人，就無法從新站起來。關於這一點，圓小姐自己也知道。不論自己再怎麼辛苦，也不願意辭職，想和自己戰鬥。

我看過很多失戀及離婚後就陷入無底深淵的女性，如果一直站在責備對方的立場的人，是無法站起來的。此外，過度自責的人也一樣。男女之間的問題，應該各負一半的責任。

基本上，我是站在女性這一方說話的，所以現實上我會和患者一起怒斥「現在的男性眞是不負責任」。

但是，眞的只有男性一方不好嗎？這在沒聽過雙方的說法之前是無法輕易下斷言的。男女之間發生問題的場合很多，到底是哪一方不好？很難斷言。而且很少有單純是某一方不好的。只要能冷靜面對，大致而言都能自己找出原因。

如果無法靜下心來，以沈穩的心情面對自己，則雖然有豐富的經驗，精神還是無法成長的。

圓小姐因爲來院檢查，於是自我反省，接著她失戀了也能坦然接受。她有規律地接受檢查，並且自行測量基礎體溫。以「我要治好疾病」的態度面對未來。

半年之後，圓小姐逐漸恢復笑容。

「好男人又不只他一個」，她對我這麼說。她的臉又出現月圓般的笑臉，這是眞實的例子。

無法接受失戀事實的女性

失戀之後即使和圓小姐一樣，有一段時間非常消沈，但是經過一段時間後，大部分的人都能恢復原來的身心狀況，其中卻也有長期陷於失戀的苦悶中，而無法自拔的人。

百合小姐（假名）是一位皮膚白皙、氣質不錯的二十五歲女孩。在一家公司擔任企業的翻譯工作。

因爲患了花粉症，因此每年到了春天，她就會到我的診所來，但今年她卻是在冬天來的。

不論是人或其他動物，到了秋天，食慾就會增加，冬天時，皮下脂肪就會大量貯存，因而造成肥胖，這是自然的道理。所以秋天開始減肥經常會失敗就是這道理。然而百合小姐出現在我面前時，卻是消瘦的臉龐。本來是位漂亮的女孩，但是因爲臉龐消瘦了，所以看起來比實際的年齡老一些。

她告訴我月經已經三個月沒有來了。接下來她又說：「現在我在看精神科醫生……。」

「怎麼了？」

「因爲自律神經失調。」

百合認眞地回答。我想她自己也能感覺出自己的疾病吧！最近像她這種有自覺的人不少。

「是因爲什麼事情呢？」

「嗯，這個……。」

百合小姐有點猶豫。

「如果不要封閉自己，說出來也許會快樂一點。」我內心這麼想著。

如果她說出造成壓力的原因，也許我比較容易治療。但是因爲她好像不太想說，所以我也不便多問。

畢竟她不是來和我談人生，而是來治療無月經的，因此，我不需要問她的心理狀態，也可以對她進行治療。

♣心理的疾病與身體的疾病♣

最近增加的壓力性疾病，分爲心理的疾病及身體的疾病。因此，像百合小姐或圓小姐這種同時看精神科與婦科或內科的人也增加了。

實際上，有些人陷入無底深淵，但是自己卻不自覺，只看見出現在身體表面的症狀而已，這是一種「假性病」。

百合小姐就有點類似這種症狀。

壓力性的疾病，並不會出現發燒或劇烈疼痛這種急性的症狀。取而代之的是很緩慢的慢性症狀，通常會被慢性症狀苦惱，因此，治療上要花較長的時間。

但是，如果能夠了解壓力眞正的原因，給予適當的治療，則不論是哪一科的毛病，都幾乎可以治癒。女性應抱持這種觀念，以面對問題的心情自我治療疾病，這點很重要。因爲疾病而造成的精神壓力，會在身體出現症狀，而且症狀會越來越嚴重。如果身體的症狀慢慢治好了，精神方面也會逐漸開朗。

荷爾蒙分泌異常的治療則需要花很長的時間。百合小姐首先必須了解自己的身體狀況，因此，必須每天測量基礎體溫。

接下來就要藉助藥物使身體恢復正常，再檢查蒙爾蒙異常的嚴重程度，繼續進行治療。

♣內心與身體的異常♣

經過幾次治療後，百合告訴我，在學生時代就交往的男朋友，在前一陣子分手了。

百合告訴我，她從來沒告訴任何人這件事情。因爲她所看的精神科醫師是一位年輕的男孩子，所以她也沒有和他提起這件事情，只是訴說「失眠、睡不著」的症狀，請醫師開藥。

也許和本身的個性有關，但是一般而言，從自己越重視的事情中失敗，所受的打擊越大，而且很難說出口。因爲要將情形說給別人聽時，自己必須做某種程度的整理。因此，如果能將自己的情形說給別人聽，自己的心情會慢慢地安定下來，歷經這個階段後，人也許就能站起來了。

關於這一點，先前敘述的圓小姐，屬於個性較開朗的人，有著藏不住秘密的性格，因此她恢復較快。

百合小姐的無月經，是在和他分手一個半月之後。這種時間的差異是常有的。女性身體的律動，只要有一點緊張，就輕易被破壞了，但是其症狀並不是出現在緊張中，而是在稍遲一些才出現。

我本身在參加國家醫師資格考試時，準備期間及考試期間都沒有出現異常的症狀，但是就在考試結束後一個月，突然出現月經出血不止的情形。

有了這種經驗，我即使服用避孕藥也無法停止出血。這時只有注射更強效的強力荷爾蒙劑，才使這種出血狀況痊癒。

「為什麼會出現這種狀況呢」，也許你會懷疑，但事實是事實。

「實際發生在自己身上」之後才切身了解。

當沈溺於事件的漩渦中時，由於內心緊張，所以身體也會拼命地努力配合。事件結束後鬆了一口氣時，症狀才會出現。

這種心理壓力所帶來的身體變化，多少會有一點時差。但是，不只是內心與身體的差異而已，還表現在感受度的強度方面。

我在考試時就是這樣，實際上也許感受不到自己是那麼地壓力，但是身體卻出現了異常。也許是因爲沒有自覺到，但是實際上卻是相當有壓力。

這和個性也有關，如果自己告訴自己已經是大人了，必須更堅強才可以（其實不用這麼堅強也可以），因此內心就會有某種程度的忍耐。但是，即使內心再忍耐，所忍耐不住的多餘壓力部分，還是會在身體反應出來。

不想去上班，但是又不能隨便請假。因爲腦中有這個念頭，因此，走出家門在通勤的途中肚子就痛了，身體比內心對於壓力會出現比較快的反應。

♣誘發自律神經失調症及其他疾病♣

關於無月經的治療，一般而言大約需要費時無月經症狀的雙倍期間。

這是一般的標準，以百合小姐的情況而言，她無月經已經持續了三個月，因此她至少要經過六個月的時間才能恢復正常。但是，也並不是說經過六個月之後她就一切正常了。

原來自律神經產生毛病時，荷爾蒙的分泌也會異常，不只如此，也要考慮精神科用藥的關係。因爲使自律神經起作用的藥，會使荷爾蒙的分泌產生異常。

這就是藥物的副作用。如果停止使用這種藥也許比較好，但是一旦停止用藥，也許精神的症狀又會惡化，這眞是麻煩的問題。

因爲百合「失眠」的憂鬱症狀還持續著，因此沒有辦法減少她的用藥量。

就在持續治療中，又到了春天，百合小姐的花粉症又出現了。這一年的花粉量比往年少，但是百合小姐的症狀卻和花粉量很大時相同。這是由於自律神經崩潰所致。過敏性疾病也會受到自律神經的嚴重影響。

由於無月經持了一段時間，於是百合中斷了來院治療。尤其因爲沒有伴隨疼痛的症狀，因此她就有一種遲鈍的感覺。

但是，她的身體裡還是不斷起變化，荷爾蒙分泌異常，所以她的體重無法增加。百合小姐身高一六三公分，但她的體重降低爲四一．二公斤。

過了二年後的一個冬天，好久不見的百合小姐又出現在我的面前，這次她是因爲頸部及手部起疹子而前來。

也看過皮膚科醫生的百合小姐表示，醫生診斷此爲異位性皮膚炎。

原本就對花粉過敏的百合小姐，屬於過敏性體質，但是以前一直都沒有出現皮膚炎的症狀。然而經過檢查結果，她過敏的原因是因爲她所飼養的寵物狗的毛。

「可是我從以前就一直養狗呀」百合小姐以失望的口氣這麼說。

所謂過敏，雖然是突然發生症狀，但事實上已經經過了很長的一段準備期間。以花粉症爲例，大概是十年。經過長時間一點一滴地累積在身體中，有一天會突然成爲症狀出現。

百合小姐的情形，其全身的機能退化，就是直接原因。而以前一直被壓抑住的症狀，隨著身體惡化，現在也壓抑不住了。

因爲精神沮喪，所以導致疾病，又因爲疾病的緣故而使得精神更沮喪。如果不能切斷這種惡性循環的關係，則不論身體或內心都無法痊癒。

希望治癒當然需要某種程度的時間，然而百合小姐和男友已分手二年多了，爲什麼還沒有辦法站起來呢？眞令人不可思議。

♣沒有辦法接受失戀的打擊就無法治癒♣

有一天，和百合小姐的談話中，我得知百合雖然和男友分手了，但是還和對方保持聯絡。在電話中還會向對方報告自己目前體重幾公斤、出現什麼症狀等。

事實上，百合小姐到目前爲止還無法重新站起來的理由就在於此。因爲她還和對方一直聯繫，沒有辦法轉變自己的心情。不論花再多的時間，她的精神狀態都停留在和以前相同的程度。

「他現在和其他女性交往，妳還和他保持聯絡不是使另一位女性困擾嗎？」我這麼問她。「他本來就是和我交往的呀！」百合小姐以強烈的口氣這麼說。

她到現在還確信自己比較適合他。

但是，從她的表情及她消瘦的身體上，證明了她自己也知道再和對方築起這種關係，自己並不快樂。

像這種一直執著於已經毀壞的關係中，使得症狀惡化的例子不少。

對於這些女性而言，最大的問題就是無法接受事實。她們不斷問自己「爲什麼是我」。

而且，這些例子的主角，多半都是像百合小姐這樣，人長得漂亮，頭腦又好的人。

我想，是因爲她們所擁有的「自信」使她們抱持這種態度。因爲以前的人生太順利了，所以一旦玩味「失戀」的挫折感，就沒有辦法承受。

此外，百合的疾病之所以無法痊癒，也可以說是對他無意識的抗議。但反過來說，小孩子有時候爲了向母親撒嬌，也會在無意識中生病。

已經長大成人了，應該能夠接受「失戀」的事實。百合小姐要站起來，首先就需有這種體認。

◆內心受打擊時，身體所出現的壓力症狀自我檢查

〔由自律神經失調症引發的主要症狀〕

①頭痛、暈眩、耳鳴→這三種症狀同時出現時，就可能是緊張性疾病，或是梅尼埃爾病。

②肩膀僵硬→好像喘不過氣般僵硬……。

③食慾不振→肚子不餓。覺得吃東西很勉強……。

④心悸→即使不做什麼也會心悸。

⑤痙攣→以前沒有出現過痙攣的人也會突然出現。

⑥胃痛→飽腹時出現的疼痛是輕微症狀，如果空腹時疼痛就是嚴重症狀了。

⑦喉嚨緊→吞食食物時覺得喉嚨有刺痛感。

〔荷爾蒙異常所引起的主要症狀〕

⑧月經異常→一、二個月無月經就要注意，三個月以上就要前往醫院受診。

⑨不正常出血→持續一週以上，就要前往醫院。

⑩極端消瘦→嚴重到無月經時，就會造成全身機能低下，即使吃也吃不胖。

【第2章】懷孕是和戀人的人生區隔的時候

男女對於懷孕的「實感」不同

在自由戀愛中享受愉快時光的情侶，一旦「懷孕」了，就非得面對現實問題不可。

「懷孕」對於二人來說，是必須重新審視以前二人關係的「重大事件」，這是很大的分歧點。

有的情侶就此踏上結婚的紅毯，但是也有些被迫選擇自己不願意的道路，因而身心受傷的女性也有。知道女性懷孕後而逃之夭夭的男性，很可惜在現代這個時代還非常多。另一方面，女性本身的身體起了變化，因此，即使想逃離現實，也沒有辦法。雖說這是二人的問題，但是還是女性方面的感受較深刻。

「懷孕」是無法預期的事情，在二人間會發生什麼事情，該如何選擇呢？我們來看看第三個例子。

♣清楚表示自己意思的女性♣

小里（假名）是一位表情富有魅力，看起來非常活潑的二十五歲上班族。對於事物的看法，她的態度非常冷靜，但是即使聽到自己懷孕了，也不免露出驚訝的表情。但是她立刻冷靜地接受了這個事實，她深吸一口氣，很清楚地表示自己的意思。

「如果可能的話，我想生下這個小孩。」

「這樣很好，只不過妳……」我有點困惑，因爲小里仍然單身。

「我會和他商量。」

小里清楚表明自己的看法後，她踏著堅定的步伐走出診察室。

有些人得知自己懷孕後。就陷入無底的深淵，把過錯完全推給對方，「爲什麼他不避孕呢？一切都是他的錯」，完全將自己當成被害人。也有人表示「我喝醉了，什麼都不記得」，這種人非常令人擔心。

但是，其中也有像小里這種遇到事情很冷靜面對的女性，在言談之間她讓人感到「這是自己的責任」之姿態。

這種態度不限於「戀愛」中，只要是和自己有關的問題，一旦遇上了，就必須去超越它，這是很重要的。我對她懷有相當的好感。

我相信她一定能和對方談得很順利，因此覺得安心。

隔週，再看到小里時，她帶著對方一起來。和小里比起來，他看起來雖然和小里年紀相同，但是留著長髮，看起來有點像大學生。就沈穩度而言，他倒是比不上小里。小里之所以會帶他來，是因爲他沒有辦法接受「懷孕的事實」，他甚至懷疑小里是不是「說謊」，因此帶他前來證實。

像這種懷疑懷孕事實的男性，可說是非常多。他們多半抱著不願意相信的心情，因爲他們和女性不同，男性對於懷孕並沒有「眞實感受」。這是因爲男性「不會生孩子」的宿命使然。甚至有些男性因爲妻子所生的孩子臉長得不像自己，就懷疑這眞的是我的小孩嗎?

關於這一點，因爲孩子是從女性的肚子中生下來的，因此會有很強烈的感受。而且也有人在性行爲後就有是否已經受精的「眞實感受」。如此一來，孩子是誰的，女性本身最淸楚。

像這種和懷孕生產有關的事情，男女之間具有本質上之「眞實感受」的差異性。而將這種差異性掩埋起來的就是「愛情」及「理解」。

但是，小里和男朋友還處於這個階段的前行階段。我代替小里向對方解釋懷孕的事實，沒想到他卻說「希望墮胎」。

小里吃驚地問「爲什麼」，二人都是單身，而且又有正當的工作，同時交往二年了，爲什麼不可以結婚呢？小里不解地追問。

這也只是「感情」的問題，對於不想結婚的人，你再怎麼逼他都沒有用。以我的角度看，不論他怎麼被小里逼迫，他都不想結婚，甚至不想當孩子的父親。但是在這種情況下我不便開口，因爲這是他們的問題。

「希望你們二人再商量一下。」

我只說了這一句話。當時沈默了一會兒後，女孩開口了。

「我知道了，我放棄這個孩子。但是我也不願意再見到你！」

小里面對他，態度鎭定地這麼說。這時換他好像受了打擊似地，他突然態度軟化了，而且面對她。他並不想結婚，但也不想和小里分開。但是，我相信小里不會接受。看著她，我相信「這是正確的」。她的決心到最後仍然沒有改變。

「手術」後，很多人會述說有短暫的自律神經失調及荷爾蒙分泌異常，但是她沒有出現這種情況，恢復得非常順利。

之所以能迅速恢復，是因爲她的心情恢復得很快。像小里這種一旦得知懷孕就想和對方結婚的女性非常多。從女性的角度來看。這是非常自然的道理。

但是，對方卻不見得同意。因此，如果無法和對方順利結婚，則身心就會遭受雙重打擊。處於不安狀態時，和對方一刀兩斷需要相當大的勇氣。

但是，無法下定決心和對方分手，仍執著地和對方交往，就會陷於緊張的狀態中，使得身體崩潰。

「看到他那種遇到事情就想逃避的態度，我就知道我該死心了。」小里這麼說。她知道即使粘著對方，和他結了婚，生下這個孩子，也沒辦法過得很順利。

因爲在她的記憶中，會殘留著當自己最需要幫助的時候，對方竟然無法給自己依靠。只要稍有時間，就會想起這段記憶，如此一來，就會對對方抱持不信任感。

以冷靜的態度，重新面對自己和另一半的關係，有時應痛下決心和對方分手，這對於妳的將來及往後的身心健全，都是非常有必要的。

一定要讓自己的心情重新恢復

清楚表現自己的心意，明白告訴對方「YES」或「NO」，這是避免壓力的秘訣。但是，如果不經意懷孕了，對於單身女性而言，怎麼說都是個難解的問題。

如上所述的例子並不少，但是以下的現代女性的例子也很多。

♣拜託女性「生下孩子」♣

當我告訴她懷孕的消息時，美保（假名）小聲地說了一句「果然懷孕了」。好像這個結果是如她預想的一般。也許她之前就想過這個問題，「沒有打算生下這個孩子……」。

二十一歲，剛從學校畢業。如願地剛進入旅行社上班，因爲還年輕，所以她還沒有結婚的打算。

美保陸續問我一些有關墮胎手術的問題，她瞪大了眼睛，一個問題接著一個問題，毫不猶豫地問我。她說話的表情我至今仍印象深刻。

每個人都會遇到各種事情。踏上這條路也要看本人如何選擇，周圍的人只能守在一旁。

終止懷孕有點悲哀、有點可惜，但是，如果一直處於自責的深淵，感到罪惡感，反而會爲身體帶來毒素。

「下次得注意不要再懷孕了」，我提醒她注意。美保直接地點點頭對我說「是的」。和她走進來時的姿勢一樣，她走出診察室。

但是，隔天傍晚，和美保一起到我診所來的，是一位看起來三十幾歲的男性。他禮儀端正，看起來像是一位誠實的人。

二人坐在診察室的圓椅上，表情嚴肅地坐著。

「我希望生下這個孩子。」

首先開口的是男性。

她以堅定的口氣說：

「我不要生，我要拿掉孩子。」

美保小姐平常說話沒有這麼肯定。但是，今日她卻以堅定的語氣說話。

「生下來。」

「我不生。」

二人陸續爭執，並沒有結論。

「請二位仔細討論後再來。」

「已經沒有什麼好討論的了。」

美保打斷我的話，冷冷地對他說：「你先回去。」美保說完後，他就起身走出診察室。

目送他的背影，美保的口氣緩和了不少。「帶給你困擾眞不好意思」，她不覺地低下了頭。

「他是個不錯的男孩子，在這種狀況下要女孩子爲他生下小孩的人還不多呢！」

因爲這是少見的情況，我不得不據實以告。其實我是以認眞的態度希望她能改變想法。

但是這時美保小姐的主張只有一點，就是「我不打算生孩子」及「我還有很多想做的事情」，甚至她說「我不打算和他結婚」。我雖然從美保的態度看出她的堅定，但總覺得她的表情和她的話有一點差別感。

我再仔細追問，終於找到問題點，原來對方已婚。由於對方的妻子無法生育，所以他想離開妻子而和美保在一起。但是美保還沒有下定決心和他在一起。

♣對於自己不想做的事情堅決說「ＮＯ」♣

隔天，那位男性單獨前來。他不斷地以手帕拭去額頭的汗水，拜託我說無論如何也要讓這個孩子生下來，「請不要動墮胎手術」。

他看起來並不輕浮，是很「正經」地這麼說。這是無庸置疑的，他並不是想玩弄對方，而是認眞地和美保交往，希望美保爲他生下孩子，這種情形多半發生在已婚的男性身上。

但是，再怎麼拜託我也沒用，因爲生不生的決定權在女孩身上。

結果他沒有辦法，還是同意動手術。可是他仍然非常擔心，一一詳問手術前的檢查及住院事宜等。

「這是她本身的事情，必要時請她本人自己打電話來。」我這麼告訴他。但是他就像母親般地照顧著她。

他很怕失去美保。這種心情清楚地傳入我這位第三者眼中。

要對這種對自己懷有好意的男性說「ＮＯ」是非常困難的。如果懷了某人的孩子，很可能就會在不是自己本意的狀況下回答「ＹＥＳ」了。

但是，再怎麼拜託美保，她仍堅定自己的意思。

很難判斷美保這個選擇是否正確。

等他離婚後再和他結婚也是一項選擇。但是哪一項才是幸福的人生呢？事實上誰也不知道。這時只能依照自己的心情、自己的思考選擇，並且不要三心二意，一定要堅定立場。

看到美保這種乾脆的態度，不禁讓我感到現代女性的堅強，更讓我感覺到時代在變化。我也羨慕她的這種決斷力。

對於自己沒有自信的女性的決斷

給人感覺很文靜的小靜今年二十八歲。任職於專科學校，擔任事務性工作。不知是否因長髮經常遮蓋住半邊臉的關係，所以給人的感覺有點灰暗。

她罹患了無月經症。原因是工作場所的壓力。好像是受了「欺侮」，不知道是自己灰暗而受欺侮，還是因爲受欺侮所以變得灰暗。我想也許是二者互相影響，因此產生了惡性循環吧！

本人大概也知道自己的缺點是「灰暗」，因此不太有自信。

這一天她看起來不太陰沈，到底是什麼事情使她看起來比較開朗了呢？一問之下，原來是交男朋友了。

「太好了，是怎麼樣的人呢？」

如果她不介意，我很希望她能夠告訴我。她稍微停了一下，然後說「事實上……」，但是她說出來的內容卻令人不得不皺眉。

他們是經由朋友介紹而認識的，對方平常一不高興就會立刻生氣，而且不知道是否因爲脾氣不好之故，他會亂踢牆壁。有時候只是和路人擦肩而過，也會引起他的怒氣，因此他不斷地換工作，目前在朋友的公司工作。

我聽了之後呆住了。會對這麼拘謹的女性發怒的理由何在呢？難道只是單純的男性使用暴力而表現自己的憂愁嗎？如果和這種男性交往，我想一定會帶來很多煩惱，還不如盡早分手較好。不過令人放心的一點是，他還沒有對小靜動手。

但是沒有人可以保證他以後不會對小靜動粗。因爲，通常在日常生活中有暴力傾向的人，在結婚生活中不免會對自己的伴侶下手。

♣覺得暴力男性有魅力的女性心理♣

這種情形普通人想起來應該會說「不」，但是小靜卻仍然和他交往，眞令人不可理解。

與其和這種人交往，倒不如早點分手。

但是沒有想到，這個世界上竟然有像小靜這樣，對於有暴力傾向的男性懷有憧憬，而且出乎意料地多。

在這些女性的眼中，這種男性能夠照顧自己，看起來生氣蓬勃。認爲這個人沒有我不行，由於這想法而對對方產生「愛」的錯覺，這種充實感使得她離不開他。

『彼得潘・綜合症』的作者唐・卡利稱其爲「婚姻矛盾」的心理。母親希望自己的孩子彼得潘永遠不要長大，能永遠照顧他，並和他結婚，這是相同的心理。

她的心理背景，是對「孤獨」懷有不安，因此想藉由照顧，使「自己的不安」有點紓解。但是即使自己有「充實感」。卻疏忽了自己的「依賴心理」。

換言之，小靜也對「孤獨」感到不安，因此想從和他之間的「關係」中擁抱「充實感」。

長久以來一直獨居在外，從來沒有和男性深交過，因此小靜的寂寞是可以理解的，她和這位男性的交往使她有充實感。

接下來是懷孕。

由於一直沒有月經，所以認爲不必避孕也沒什麼關係，但是不知道是治療出現效果了，還是因爲與他的性關係刺激了排卵，使得她懷孕了。排卵並不是機械化而引起的，往往是因爲肉體、精神上的刺激而導致排卵。

讓我吃驚的是小靜的反應。

「我要生下孩子。」

她本來微微下垂的臉，有氣無力地說話，但是說到這句話時，她卻抬起了臉，以開朗的聲音說話。

接下來她又笑笑地對我說，下一次休假時要帶他回鄉下探望父母，不知道要搭飛機或電車較好。

我感到非常意外，因爲以前還認爲「應該分手的呀！怎麼會變成這樣」。

但是，這是第三者很難了解的男女之間微妙的感情，也是最不可思議的事情。有些男人和妻子談及離婚時非常騷動，但一旦得知妻子懷孕的事實，又恢復得非常溫柔。

♣經過二、三次轉變後，她終於掌握了自己想要的♣

可惜的是，事實並不像小靜的預料般順利進行。

因爲對方不但拒絕孩子，而且拒絕結婚。

一週後，他和小靜一起出現在我的診所，暴躁地對小靜說：「絕對不可以生下孩子。」小靜呆坐在一旁。

她無言地坐在一旁，並且決定墮胎。決定好手術的日期之後，他們就回去了。

然後在手術之前，我接到小靜的電話，「我決定生下孩子，我要取消手術」。

我以鼓勵她的聲音說「嗯，這樣很好」，幾天後換成他打電話來，是一通抗議的電話。

他抗議我爲何沒有依照約定的時間爲小靜動手術。他不停地抱怨。

由此可知，先前打來的電話是小靜單獨做的決定。

「請她本人自己打電話給我。」說著我掛上聽筒，感覺很不舒服，即使有所爭執，這也只是當事人之間的問題而已。此外，男女的感情是他人猜不透的，但看起來好像是小靜較忍耐。

最後小靜有了結論，她的結論就是和他分手，自己獨自回鄉下生下孩子。

「這是一件很辛苦的事情，妳必須要有很大的體認才可以。」

我有點擔心，但是卻沒有辦法改變她的決心。

後來她回到母親家，未婚而生下孩子，過後的每一年，她都會寄和孩子合照的照片給我。

未婚生子並養育小孩，這件事情比想像中更難。因爲不只是養育的問題，還要面對孩子沒有父親的現實。因爲在法律上婚生子女和非婚生子女還是有差別的。

到目前爲止，還不能下結論說她的選擇到底好不好。但照片中的她及孩子的表情是非常開朗的。

小孩子可說是使她活下去的原動力。以前看起來沒有自信的她，現在終於掌握了自己想要的東西，這也是我從她的表情中解讀出來的。

◆關於懷孕必須知道的檢查項目

①月經遲來一週就應該前往醫院檢查是否懷孕。
②也可以購買驗孕藥先自行檢驗。如果是陽性反應，就應該盡早到醫院接受檢查。
③月經不順的人必須特別注意。不要太遲才發現自己懷孕。
④有懷孕的可能時，必須避免服用感冒藥或鎮靜劑。
⑤不希望懷孕時，不要將避孕工作只交給男性。
⑥保險套必須在性行爲一開始就使用。使用的時機不當，往往是造成避孕失敗的原因。
⑦沒有測量基礎體溫的人，無法配合「安全日」。
⑧由母體的角度來看，第一次懷孕應該將孩子生下來。
⑨男女間對於是否要迎接小生命的意見經常會不一致，因此，事前最好仔細商量。
⑩墮胎是一件令人傷心的事情，因此一旦選擇墮胎，就要調適自己的心情。不要陷於自責中，應該感謝自己能懷孕，表示自己的身體健康。

〔第3章〕破裂的男女緊張關係

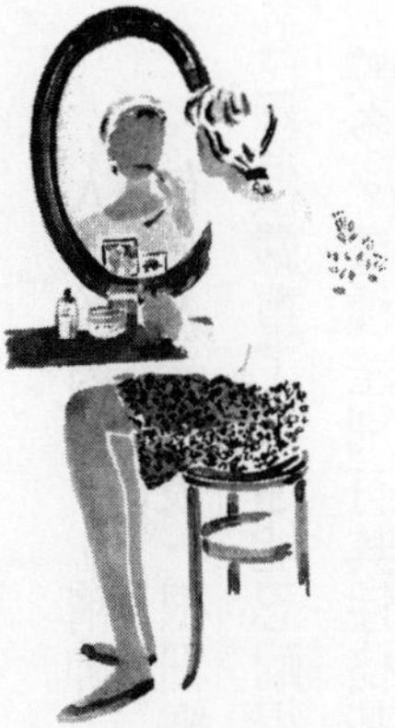

成人與小孩內心的病理

人對於肉體上、精神上的「苦痛」之忍耐程度，具有個別差異。

有些人光是被一根細細的針扎了一下，就會痛得哇哇大叫，但也有些人症狀已經很嚴重了，還能忍耐得住。但這並不能說是痛得大叫的人所感覺疼痛的神經較多。這種差別有其性格基礎。因此，一般而言能夠忍受肉體痛苦的人，對於忍耐精神上痛苦的能力也比較強。

非常能夠忍耐的小惠（假名）今年二十四歲。在一家小型進口雜貨店工作。她不太化妝，打扮得也不時髦，看起來只有二十歲左右而已。她說話時瞪著一對大眼睛，態度非常沈著。

小惠是因爲生理痛而前來就醫，診察結果爲子宮內膜異位。

所謂子宮內膜異位，簡單地說，就是在子宮以外的場所發生月經的疾病。一定有不少人很驚訝地說，怎麼在子宮以外？但是這種疾病最近常見於二十多歲的女性身上。

這是子宮內膜的一部分，連到輸卵管或卵巢、腸的外壁等處所引起的。但是到底是因爲什麼原因而粘連，很可惜目前還不知道。

我們女性的身體，就像大家所知道的一樣，受荷爾蒙的影響，所以子宮的內膜會增加或剝離，重複這種循環。每個月一次，這種內膜很自然地脫離身體，這就是月經。

荷爾蒙是循環全身的，例如如果連到腸的外壁而引起內膜，這個部分就會發生月經。這時就會產生問題了。

換言之，在子宮以外的地方發生內膜，增加的現象還沒有什麼問題，但是如果該處出血，多餘的血就會留在體內，引起粘連，這就是疼痛的原因。

症狀是在月經期間進行，嚴重時也許晚上會痛得令人在地上打滾。有的人痛得受不了，半夜時就叫來救護車而送往醫院。

事實上，我也有這這種疼痛經驗，痛得整晚都沒有辦法入睡，因此我深深了解這種痛苦。當醫生觸摸患部時，我們所感受的疼痛程度就像被用力敲打一樣。

小惠的症狀相當嚴重，我說「你竟然能忍耐到現在……」。但是，小惠的表情依然沒變，她只是很控制自己地訴說自己的疼痛，眞是堅強。

♣對於痛苦的事情卻不說「痛苦」♣

子宮內膜異位症雖然很麻煩，但如果意外地懷孕生產的話，症狀自然就會減輕，甚至痊癒。因爲懷孕期間及授乳期合計，大約有將近二年的時間沒有月經。我本身就是因爲這樣而治好的。

因此，我經常在面對子宮內膜異位症患者時，對她們說：「妳之所以罹患這種疾病，就是身體發出希望妳早點生產的信號。」

有一天，我也這麼對小惠說明，但是她對於結婚及生產的話卻感到漠然。「事實上，我們只是還沒有正式結婚而已，但是，我們已經同居很久了……，」她表示和長她九歲的男人已同居將近三年了。

小惠平常很少和我說這些私事，所以他這麼對我說時，使我有點吃驚。

成人男女在沒有法律的保障下生活了將近三年。現在有很多年輕男女都選擇這種生活型態。公然同居，號稱是享受愉快的單身生活。

但是，從小惠的話中，我感受不到她的快樂。因爲我覺得在她的內心深處有一種負面的感情，而是緊張的生活，並不是開朗的。

當我提到爲什麼一起生活但又不結婚時，小惠說：

「可是，他非常努力地拼命工作……。我沒有辦法。」她拼命爲對方說話。

小惠希望正式結婚，這一點絕對沒有錯。但是不知道是否習慣於壓抑自己的感情，所以她無法對男方說出自己的意見。

♣已經成年的小孩不懂愛的方式♣

爲什麼沒有自信，爲何要壓抑自己呢？

解開這個問題的關鍵之一，就是最近備受矚目的「成年、小孩」這句話。

例如，在雙親過分嚴厲、不顧家庭、暴力、依賴酒精……的家庭中長大的小孩，他們的內心即使成長了，但是還像個小孩一樣。雖然肉體長大成人了，但是精神上卻還殘留不成熟的部分，對於自己沒有自信，過分壓抑自己而配合對方、不懂愛人的方法，不會說NO……，這就是成年、小孩的特徵。

這個字彙來自美國的柯林頓總統的告白「我也是成年人、小孩」，在歐美掀起一股旋風。

由於母親再婚的對象是酗酒者，因此他從小就不得不當母親的支柱，孩提時代就這麼度過的柯林頓總統直言，「對於能不能和人順利交往，以及能不能擁有良好的婚姻生活感到不安。」

要克服成年、小孩，據說就是要創造「親密而安心的關係」。

但是，他們即使處於這種狀態，也沒有辦法感受到這種痛苦。因此，就無法告訴對方彼此的這種關係，則永遠都無法成熟。

♣為什麼要責備自己呢♣

繼續治療子宮內膜異位經過一年之後，小惠因為原因不明的出血而再度前來。檢查結果發現懷孕了。

這對於治療子宮內膜異位而言是最好的情形，這時如果生產，症狀就會減輕，甚至會完全消失。這真是懷孕的好時機。

此外，不只是身體的問題，二人也可以踏上紅毯的另一端，開始婚姻生活。

像小惠這種消極的同居，一旦錯失了結婚的時機，很多男女就會就此分手了。

「有了孩子後，我的父母應該也會同意我們結婚。」

小惠一開始也對於自己的懷孕感到歡喜。

但是，事實並沒有這麼簡單。因爲雙親本來就認爲自己的女兒是因爲這男人才會這麼辛苦，有了這種先入爲主的觀念。所以現在必須二人同心協力才能說服雙親，但是他卻不願意和小惠一起去會見雙親。

小惠不得已，只好獨自鼓起勇氣說服雙親，這時她才體認到自己的立場有多麼艱辛。懷孕已經過了五個月了，已經到了「非生不可」的時期，這次她再度說服他，二人進行戶籍登記，正式成爲夫妻。後來平安地生下一個小男孩。

但是，小男孩過了二歲之後，小惠開始出現頭痛、暈眩的症狀。這是因爲壓力而產生的自律神經失調。此外還有輕微的憂鬱症，可以看出她的生活及育兒的疲憊及辛苦，我一邊開藥一邊看著她的樣子。

有一天，小惠寫了一封信給我，

『一切都太辛苦了，我眞想大叫。我想我是不是發瘋了。有時候我看著自己的孩子，突然覺得自己好可怕呀！』

我收到了這麼一封信。

小惠好幾次想抱著孩子逃出那個家，但是由於當初雙親反對這個婚姻，所以沒有辦法回到她的娘家，結果她還是只能回到她現在的家中。

會讓小惠這種強力壓抑自己的女性想逃離家裡、想大哭大叫，一定是很嚴重的事情，難道是孩子怎麼了？

難道是丈夫對她暴力相向嗎？因爲她什麼都不說。但是，除此之外也找不到理由了。即使說是暴力，也不單是實際上的動手，還包含精神的暴力，也就是言語的暴力在內。

從心理學上來說，對於小孩子施行暴力的母親，稱爲虐待母親。根據統計，這種虐待母親事實上多半是被虐待的妻子。

小惠並不是虐待母親，但是她成爲虐待母親預備軍的可能性十足。

在事態還沒有更嚴重之前，首先小惠要做的就是不要壓抑自己。

想叫就叫出來，不管對誰叫都能發散自己的情緒。

但是，問題就在於應該對誰叫呢？

例如，即使不是虐待母親，而是普通母親，如果能夠對不懂事的孩子大叫那倒還好。

但是，面對孩子大叫，也許就會流於討厭自己的地步，認爲自己怎麼這麼可惡。結果仍是越陷越深。因此還是要找到適當的對象。

對象就是丈夫。如果能將自己的緊張心情的壓力原因向丈夫舒發，是使二人的關係變爲成熟的第一步。

如果因爲丈夫的權力過強，妳沒有辦法這麼做時，也許可以找外人來商量。根據美國心理學者的報告，妻子向外求助的傾向越來越強。

小惠和丈夫之間的關係處於自責的階段，她總是覺得，我不可以這麼做，這樣只會使事情越來越嚴重。

當注意自己「辛苦」的情緒時，必須傾吐出來。這可說是和小惠一樣有「成年、小孩」類似這種心理疾病的人應該面對的課題。

結婚後就改變的男性病態心理

詢問女性最不希望的結婚對象內容時，如果答案中有「具有暴力的人」，我想所有女性都會選出這個項目。

事實上，如果知道對方男性有暴力傾向，而繼續和他交往的女性，我想大概沒有吧！但是還是有例外。就像先前提過的小靜，明知對方任性且暴力，還是持續和他發生關係。但是這種愛情多半是到中途就沒有結果了。

普通環境下長大的人，都會重視自己，都有自我保護的本能。因此如果被情人毆打，相信一定會有所警覺，不會持續讓自己處於危險關係中。

沒有小孩，也沒有正式的婚姻關係的情侶，要估算他們的關係並沒有那麼困難。大部分女性面對男性暴力的面貌時，都會冷靜地判斷「這種男性最差了」，因此和對方分手。然而，現實上因爲丈夫暴力而煩惱的妻子卻不少，爲什麼呢？

這是因爲丈夫的暴力通常在結婚之前並未顯露出來，而是在結婚之後才出現的。這也正是選擇伴侶的困難所在。

♣比自己年輕的男性是理想的結婚對象嗎♣

明惠（假名）是長女，還有一個妹妹。她二十七歲時仍未婚，因爲她想招贅。

對方是明惠同公司的職員，比明惠晚二年進公司。明惠被稱爲是秘書科的美人。大衆傳播媒體經常報導「和比自己年輕的男子結婚較理想」，因此，明惠和這個年輕人在一起就受到大家的祝福。

即使是招贅，也只是同居而已。明惠在娘家附近租了一間公寓，二人開始了新婚的生活。因爲二人都有工作，因此生活非常充裕，就像單身時代一樣，二人經常到外面用餐，而且常常逛街或開車出去兜風，盡情享受年輕的生活。不久後明惠懷孕了，生活一直到這時都還算非常地幸福，非常順利。

然而，因爲懷孕，所以明惠辭去工作。這時和丈夫之間的關係就出現了陰影。

因爲明惠辭去工作，少了一份薪水，當然他們的生活就不像以前那麼充裕了。

除了房租及各種生活費，每個月的支出沒有一種能少，光用丈夫的薪水來維持剛剛好。

一點也不能浪費。目前他們能做的只是努力地工作而已。但原本就較爲樂天的明惠，爲了這個時期，事前已有存錢了，因此她不斷地拿出自己的存款補充生活費，有時父母也會給她。但是在明惠的腦海中，她認爲「反正都是娘家的人」，所以她對將來沒有懷有任何不安。

但是，丈夫就不一樣了。他看見存款的數目越來越少，他非常不安，而且受不了。得知明惠受到娘家的援助後更受不了，他覺得：「難道我的薪水不夠養活妳嗎？」

由於丈夫從小就沒有自信，因此對於娶妻生子的經濟上支出，感到有負擔。

♣雖然不是表現出暴力的男性……♣

到現在爲止，通常都是年紀較長的明惠像姐姐般照顧年紀較輕的丈夫，二人就這樣過到今天。

然而，因爲孕吐嚴重，明惠的身體一天比一天不舒服，而且情緒也不安定，在這種狀況下，當然無法再以疼愛的心情疼愛丈夫了。

懷孕中的女性情緒不安定是常見的症狀。然而偶爾也會引起憂鬱的氣氛。明惠的丈夫就有這種症狀。

因爲夫妻一起生活，所以丈夫的心理也會受到妻子的影響。其中也有些丈夫看到妻子的肚子一天比一天大，就會產生和妻子一起生孩子的念頭。這種想法如果更高漲時，甚至連丈夫也會出現孕吐的症狀。

明惠的丈夫對於生活沒有自信，一直感到有負擔，因此，他不但無法成爲妻子的精神支柱，自己反而也越來越不安定。

經濟上的不安，加上身體上的不舒服、情緒不安定等逐日累積，有一夜就在爭吵之際，丈夫踢了明惠的肚子一下，明惠跌倒在牆壁邊。因爲受到重擊，明惠馬上由救護車送往醫院。不幸中的大幸，明惠和孩子的命都保住了，但是小孩子早產，八個月就出生了，必須待在保溫箱中一陣子。

明惠已經不想再和丈夫一起生活了，這是理所當然的。因此，她在住院期間就決心和丈夫離婚，即使丈夫到醫院來看她，她也絕不和丈夫見面。

但是丈夫揚言「絕不離婚」，他並且哭訴著「想見孩子一面」。如果他想想自己的行爲，就會知道自己的要求沒有道理，因爲他一直都是個不成熟、被寵愛的丈夫。

我們由明惠決定離婚，就知道她絕不允許男性暴力的存在，這是正常女性的做法。因此，單身時如果發現男友有暴力傾向，應該就不會和對方結婚了。

但是，有些男性在婚前並沒有暴力傾向，有些人認爲丈夫只是比較任性、比較急性子而已，應該還不至於走向暴力的程度，但卻看走了眼。

♣如何判斷一個人♣

這麼說來，到底該由哪一點選擇伴侶呢？眞令人感到苦惱。

怎麼判斷一個人呢？方法之一就是「在最惡劣的狀況下，看他會展現什麼樣的行動，藉此來判斷」。

例如，他面對事情是生氣或喋喋不休，或是向對方動手，訴諸暴力等。這些行動類型都是判斷一個人的標準。

由這點來看，明惠在面對丈夫的暴力時決定離婚是非常正確的。因爲如果再碰到惡劣的狀況，丈夫一定會有相同的行動。

但是，這種「最惡劣的狀況」發生之前，該如何預測人的行動，就有點困難了。

因爲像明惠的丈夫這種平常不使用暴力的人，也會突然出現暴力的手段。

此外，看這個人生長的家庭環境也是一種方法。有一說認爲：「會立刻訴諸暴力的人，他的家庭環境有問題。」

根據統計，父親會使用暴力的家庭所培育出來的男性，將來也容易成爲使用暴力的父親。因爲小孩子對於雙親的生活，在無意識中有了『不幸的傳承』。因此，結婚之前充分了解對方的家族，對於了解一個人有很大的效果。

但是，不能因爲如此就說家庭環境是決定一個人的一切。例如，即使在同樣家庭中長大的兄弟，他們也會組成完全不同的家庭型態。

「因爲父親使用暴力，所以自己絕對不要像他一樣」，擁有這種強烈意識，拒絕受父親影響的人實際上也存在。

這麼說來，預測某個人在什麼狀況下會出現怎麼樣的行動，根本就是不可能的事。

回到明惠離婚後的話題。

♣人的行動決定於關係性中♣

離婚成立後，精神有一點安定的明惠，經常說：「丈夫這種像小孩子般的行動，其實在結婚之前就有某種程度的想像了。」

事實上，像明惠這樣因爲丈夫暴力及不穩重而離婚的女性，經常表達出這樣的意見。

她們多半表示，對於丈夫這種任性的性格問題，「在結婚前就注意到了」。

然而，她們並不太在意這些性格上的問題，只是一味地想「結婚之後他會改變」，或是「我要改變他」。

但是，要改變有問題的性格或控制行動，這是專家才能做的困難工作。

也許她們並不是認眞地想改變對方，只是壓抑自己，容許丈夫的一些問題存在。

這就是問題的開端。

不論是男或女，在結婚之後就安心了，不知道是不是因爲這個緣故，所以彼此就比較放鬆。在這之前未失去平衡的關係，也因爲彼此的放鬆而越來越增加。而自己無法壓抑忍耐度時，有時就會到達界限而出現破綻。

有的人會採取什麼行動，一開始並沒有辦法固定，而是由和對方的關係而決定採取的行動。

有學者主張，之所以有依賴酒精生活的丈夫，正是因爲有許可丈夫依賴酒精的妻子存在的緣故。換言之，男性如果和絕對不允許丈夫喝酒的妻子結婚，則這種依賴酒精才能生存的狀態就會不見了。

換言之，像明惠的丈夫這種本來並不具有暴力的行動類型，和明惠的關係中產生了這種因素。更清楚地說，正是因爲明惠許可，所以才培養出這種因素。

想想「算了」而縱容對方的任性，不但無法使彼此成長，而且還會導致更惡劣的結果。

當然，暴力的行爲是非常可惡的。但問題就出在有問題的行動之原因，經常都是從二人的關係中產生的，希望各位不要忘了這一點。

覺得壞男人有魅力的女性心理

一開始見到小綾（假名），就知道她陷得非常深。幾乎可說是已經沈到谷底了，她的表情可說是面無表情，毫無生氣的臉。

通常，我們由對方的聲音就可以推測對方的心情或感情。但是小綾將聲音壓得很低，幾乎讓人聽不到，聽起來非常辛苦。她說她二十八歲，但是我覺得看起來像是三十多歲了。

失眠、心情不好，也出現憂鬱的症狀，她已經出入精神科將近半年了。最近持續無月經，胃腸狀況也不好、頭痛，此外還有很多不舒服的地方。這是因爲憂鬱症狀、自律神經失調、荷爾蒙分泌異常等合起來出現的典型緊張症狀。

獨自居住的小綾小姐，大學畢業後在一家販賣影印機的大型公司工作了六年，因爲本身的關係，在九月前辭職了。

「我失業了，沒有收入，所以我非工作不可……。」她覺得很痛苦。「我不可以再這樣下去了」，她自責的念頭非常強烈，所以只要身體稍微改善一些，她就會去應徵工作或四處打工，但是她經常在搭車途中就感到身體不舒服，或是肚子痛，還沒有到達目的地就不得不折返。這是相當嚴重的症狀。

「妳怎麼了？」

我盯著她稍微低下的臉龐問。探討她的疾病前，先談談她的工作及失業的話題。

但，因爲症狀嚴重的原因爲緊張所帶來的壓力，所以我想這應該不是單純的失業所造成之經濟上的不安。

小綾陷入思考中，可說是面無表情地一言不發。結果，那天她什麼也沒說就回去了。

♣散盡金錢因此感到失望♣

二個月後，小綾還是一樣出現緊張的症狀，而且面無表情。這是因爲自律神經失調以及荷爾蒙異常所經常可見的徵兆。

經過幾次見面，我知道了小綾的煩惱是來自金錢及戀人。但是，由於她沒有清楚說明，所以我也沒有辦法了解全貌。

有時候她會一邊看著我，有點畏懼地問道：「我想他應該會還我錢吧！」我聽她這麼問，也只能回答「對呀！如果他向你借錢，應該會還妳吧！」這時小綾會回答「對呀，應該是吧！」隨後就閉口不言，我們的談話也不再繼續。

我推測是小綾將錢借給男朋友，因為對方沒有還錢，所以她非常煩惱。但是，我無法掌握她的情況，為什麼男友不還錢呢？她並未告訴我重要的細節。

有一次話題無法進展，這時她很唐突地說「是我自己不好」，她毫無力氣地笑著。小綾很想壓抑自己不要說話。

在簡短的對話中，我將她零零散散的話加以組合，終於得知事情的概況。

事情開始於她為一位自己喜歡的男性付房租。

當時因為她在工作，所以經濟上還算充裕。經朋友介紹而認識了和自己相同年紀的男性。而這位男性靠打工維生，所以生活不太安定。

「只有你是我可以依賴的人。」

就這樣，小綾爲他付了三個月的房租。當然，借他這筆錢時並沒有任何借據。爲什麼會借他一大筆錢而不寫借據，而只是以口頭約定呢？一般人以常識思考一定會有此疑問。難道二人的關係有這麼親密嗎？

可惜的是，情況並非如此。

後來小綾告訴對方想見他時，他都說自己很忙，所以加以拒絕。對於這種冷漠的對象，爲什麼要借錢給他呢？原因只有她喜歡他而已。而且小綾想成爲他的助力。

♣著眼於現實的關係♣

小綾的內心深處一定有這麼一分期待「眞希望他會喜歡我，眞希望他多看我一眼」。

這對於小綾而言是最麻煩的「事實」，因爲自尊心就是一大問題。

「因爲我希望被愛，所以借他錢。」

這麼一來不就是承認自己沒有魅力嗎？所以很多女性會將這種內心轉述爲「因

為我愛他，所以借他錢」。

他就巧妙地利用小綾這項「弱點」。有一次，他向小綾借五十萬元，想購買滑雪用具以及參加滑雪訓練課程。但是為了他，小綾陸續由自己的存款中領出錢來借他，已經沒有餘力了。

當小綾告訴他自己也沒有錢時，對方就會哭訴自己高中讀到中途就退學，因此沒有辦法找到好工作，所以現在想取得滑雪教練的資格。如果取得教練的資格，就可以找到固定的工作，如此一來就可以還小綾錢了。後來對方又說：

「自己已被地下錢莊列為黑名單，希望小綾出面代替向地下錢莊借錢。」

這眞是令人難以置信的話。

然而他的話讓小綾感到「如果妳相信我就請妳一定要幫助我」。當然小綾每個月給他的錢都只是「口頭上約束」而已。

想想他連房租都未還，又怎麼會還妳向地下錢莊借的錢呢？冷靜想想就知道結果了。

陷入戀愛漩渦中的人是看不清楚眞相的。這時如果能和親密的朋友商量是最好的辦法。但是和這種男性談戀愛的人，通常都不太喜歡對朋友說出事實。因為對方的答案也一定是「早點和他分手吧」，只能得到否定的建議而已。

將第三者的眼光排除在外，小綾只沈浸在自己的愛情世界中。「只有你才是我可以依靠的人」，小綾就相信這種情話。

當對方向小綾借錢購買滑雪用具後，就去滑雪旅行了，並且在旅行中又遇到別的女性。知道這件事情的小綾當然會找他說明理由，但是對方卻避重就輕地回答。

自己將積蓄都用來幫助對方，但是得到的竟然是這樣的愛情。小綾內心所受的傷害是可想而知的。最後的結果是他離開了，而她只留下一身的債務。

♣眞正希望他還的是金錢嗎♣

對男友盡心盡力，但是他卻背叛了自己，小綾所受的打擊非常大，況且她還不肯死心。

「就算他只還我錢也好」，她一心一意地這麼想著，因而失眠，終於導致自律神經失調。

症狀越來越嚴重，她無法到公司去上班，因此就辭職了。現在她仍然負債，她每個月都必須還地下錢莊的錢，每當付錢時她的悔恨就甦醒了。

當小綾每次打電話給對方，請他「還錢」。但回應是可想而知的。

此外，小綾也和當地的調解委員會商量，詢問專家拿回自己錢的方法。

小綾一共借給對方約一百萬元，但是專家告訴他「經由訴訟還是有可能拿回這些錢，但是考慮訴訟費的問題，還是將這一百萬元當成給他的禮物吧……」，勸小綾最好死心了。我也持相同的意見。

但是，小綾無法就此放棄，將近二年了，她仍然生活在後悔中，「眞希望他能還錢」，因此小綾的緊張沒有紓解。

像小綾這樣借錢給戀人，和對方分手後對方未還錢的例子經常可見。但是，像小綾這樣造成強烈症狀，且持續期間這麼長的例子倒很罕見。

然而，小綾在意的眞的只是金錢嗎？

如果是，則當旁人告訴她不要訴諸於訴訟時，她還是可以經由打官司以解決問題，然而她並未採取這種手段。

其實，她好像是以金錢爲藉口，而想再和對方交往，或持續責備他，因而忽略了自己本身的問題。

♣盡早調適自己的心情♣

很多人有類似小綾的經驗，但是和小綾相反的情形也有。

有位女性二十四歲時結婚，二十六歲離婚。離婚的原因是丈夫外遇。離婚的導火線，是丈夫用妻子的信用卡支付其外遇旅行的費用。而且他是利用循環信用，所以在離婚後數個月，這位女性還會收到繳款通知書。

但是，她並沒有向丈夫請求這筆款項。「已經不想再見他的面了。」也許因爲她沒有生小孩，所以離婚時她也沒有要求贍養費。只希望「早一點離開就好」。

這麼說好像他們的夫妻關係很冷淡，但事實上並非如此。離婚之前二人的感情非常好，至少她眞心愛著丈夫。

她並未向前夫要求支付旅行費用，因爲她想早一點調適自己的心情。如果持續和分手的對象來往，則自己的心情是沒有辦法調適過來的。

人與人之間的關係，如果沒有交往，就什麼也沒有了。

「未看清男人的眞面目，自己也有錯。」

「算是付了高額的學費吧……」

也有這種說法，當你遇到不得已的情形，需要調適自己的心情時，這也不失爲一項很好的調適藉口。我們可以改變自己的想法，如果能用「金錢」解決問題，則還算容易應付，因爲在這個世界上，有很多即使你用金錢也解決不了的問題。

♣爲什麼壞男人有魅力♣

像小綾這樣，明知對方這種男性不好，但仍然選擇對方的這種女性並不少。沒有責任感、輕浮、暴力、懦弱等一無是處的男性，事實上也有其獨特的魅力。

在『卡其諾』這部電影中，夏倫·史頓飾演一位麻藥中毒的女性，他和羅勃特·尼洛所主演的卡其諾這位大人物結婚。丈夫眞心眞意地愛著妻子，因此准許她任意揮霍，然而妻子卻厭倦了這種沒有任何不自由的生活，而偷偷地和以前的戀人凱普拉偸情，最後，她終於捨棄了丈夫。

爲什麼有了一位具魅力的丈夫，她還會和一無是處的男人在一起呢？這是因爲那位輕浮的男性使女性認爲「如果我不爲他付出，他就完蛋了」，但實際上，對方只能從女人身上得到金錢而已。

換言之，那些一無是處的男人，他們在女性的眼中眞的是一無是處嗎？這種「如果我不理他，這個男人就完了」的心情，對於女性而言就是一種魅力。這大概就是母性的本能使然吧！在這種心情下，男人一步步地走入女性的心目中。例如，支持懷材不遇的藝術家丈夫的妻子，也許就是這種典型，的確是一種「付出的快樂」。

但大體而言，一味付出，到最後總會疲勞、崩潰。而被付出的男人，可能就會成爲卑躬屈膝的一方。

另一方面，也有只等著他人爲自己盡力，只享受快樂的人。

不論如何，只是單方盡力的這種關係，有點勉強、有點歪曲。這種不平衡的狀態，如果對方也能心平氣和接受，才眞是有問題了。

否則就是自己沈浸於「迷宮」中，無法走出來。

◆容易緊張的性格檢查

①認眞的人。
②不會說ＮＯ的人。
③重視他人眼光的人。
④回應周圍期待的人。
⑤完全主義的人。
⑥只會自責的人。
⑦過度忍耐的人。

〔處方箋〕

①區別「他人就是他人、自己就是自己」。
②學習明快地說ＮＯ的技巧。
③以自己的能力爲界限，不要背負過大的責任。
④面對自己的心情。

〔第4章〕不想結婚的女性的病理

認為結婚沒有意義的現代女性

「爲什麼不結婚？」

旁人這麼問也許有點多管閒事，因爲在我們周圍就有很多不結婚的女性。

她們大約爲二十歲到三十歲左右，也就是所謂的適婚年齡，但是她們不想結婚。她們還很年輕，長相及身材也沒有特殊問題，雖然不是很認眞，但也不是缺乏常識，很難想像她們爲何沒有男朋友。長年獨自居住，善於洗衣、打掃等，即使過著結婚生活也沒什麼不自由。

然而，他們卻一直不結婚。當我問她們這個問題時，她們會立刻回答：

「因爲工作很忙呀……」

她們並不是打算一輩子抱著獨身主義，但是由於現在工作很忙……。在廣告公司上班的小桃（假名）小姐就是這樣回答的其中一人。

二十八歲，獨自居住在都會十年了。工作很順利，不需要雙親的援助就可以過得很好。她具有身爲社會人的常識，開朗，總是打扮得很漂亮。

「經常工作到很晚才回家，一個人比較舒服。尤其是拖著疲憊回家時，更想要獨處……。」小桃非常滿意一個人的生活。

沈溺於自己一點一滴擺設的房屋中，對她自己而言是至高無上的享受。不需要在乎時間，想要工作到什麼時候都可以。此外，晚上如果心情好時，也可以和同事出去喝咖啡、聊天，回到家中可以和朋友說電話，說到多晚都沒有關係，可以聽自己喜歡的音樂，看自己喜歡的錄影帶等……。聽她這麼說，的確是非常舒適，沒有什麼不方便的快樂單身生活。

「從事充滿緊張的工作，因此自己獨處時越自在越好。」她這麼說。的確，工作對她造成了精神上及肉體上的壓力。

原本身體就不是很好的小桃，偶而會罹患感冒，有時候會出現過敏的症狀。休假日，她通常都是在家睡覺。

「再這麼下去也許我會吐血而倒下來了。否則我的疲勞上司都不知道。」她開玩笑地這麼說。很明顯地，她是工作過度了。但是，當我建議她「何不換個工作呢？」她又笑著回答「我很喜歡現在這份工作」。

♣結婚有什麼好呢♣

小桃之所以不結婚，除了工作忙碌之外，還有其他理由。就是公司的同事。一位和小桃同年齡的同事，已經結婚生子，而且繼續工作。小桃每天聽她訴說，因此一點想結婚的念頭也沒有。

這位同事的一天，就從早上叫醒丈夫和二歲的兒子開始。急忙餵飽孩子後，將他送往托兒所。因爲托兒所有固定的接小孩時間，因此她沒有辦法加班，當然更別說是一起出去吃個飯或喝咖啡、聊天了。當孩子發燒時，她也必須請假，而且她的孩子每個月好像至少要發燒一次。由於請假早退的次數多，所以只要是重要的工作，她都被排除在外。

「她總是給人睡眠不足的感覺，非常焦躁……」

小桃如此敘述。

一邊照顧孩子，一邊又要工作，的確非常辛苦。因此，小桃並沒有產生因結婚生產而辭去工作的念頭。

「現在的生活沒有什麼不滿足呀！結婚有什麼好呢，只是增加女性的負擔而已。」小桃的這種疑惑，出現在很多單身女性的身上。

當然，只要夫妻的生活規律，則工作的妻子的家事負擔也許可以少一點。但是養育孩子時，女性的負擔就增加了，這是無庸置疑的。一個人生活的效率當然比較高，不論什麼事情都可以平順地進行。

但是，問題就只有效率嗎？我試著問小桃。

「妳一個人在家時會笑嗎？妳會笑得肚子痛嗎？」

她想了一會兒回答我「有時候看電視時，會咯咯地笑出來」。

大概就只是這個程度了。但是如果結婚生子之後，妳大笑的程度絕不止於此。妳不但會大笑，而且會大哭。妳會氣得怒髮衝冠，也會有淚流滿面的感激日子。

感情有其正面及負面的作用。如果以縱軸爲感情的起伏，橫軸爲時間，做成一張感情的曲線表，則結婚及生產就是使曲線表充滿起伏的時機。

一個人生活的確非常舒服，但是再怎麼說感情面都顯得單調了些。

結婚有什麼好？生小孩有什麼好？如果你問我這些問題，因爲我有過這種感情經歷，因此我能夠回答。我想就是能充分玩味快樂與痛苦融合的深刻感情，使人生更豐富吧！

♣一生中有三次和命運之神相遇嗎♣

謳歌快樂的單身生活，沒有結婚計畫的小桃，事實上有一位一直交往的男朋友。

因爲工作忙碌，所以平常他們並不常見面，但是在聖誕節或小桃生日等特殊的日子裡，他們會一起共進燭光晚餐，而且這位男性也曾幾度提出結婚的要求。

最近的男性不知是否有女性化的傾向，年輕男子經常都沒有積極的求婚架式。他則屬例外。然而小桃卻拒絕了。

「該怎麼樣才好呢？我正在想。」

「如果喜歡的話，就結婚吧！一生之中能對妳說『我們結婚吧』的男人寥寥可數。」

我眞的是這麼想。但是沒有注意到這一點的人，竟然出乎意料的多。

尤其像小桃這種長相、能力、工作都不錯的女性，她們往往忽略了這個事實。她們往往缺乏「當這個機會失去後，也許我一生都無法結婚」的危機感。

她們大概心想：「我身邊的單身男性這麼多，還怕沒有機會嗎？」反正她們就是不願意回答「ＹＥＳ」。但是，這是大錯特錯的錯覺。

我的身邊就有很多不經意地讓機會逃掉，然後一直持續單身而沒有結婚的女性。她們多半將近四十歲，工作也告一個段落了，終於意識到自己想結婚。

姑且不論幾歲結婚比較好，但是一旦意識到「自己四十歲了，是適婚時期」時，遺憾的是很多時候並不是想做某事就可以馬上進行。

周圍和自己年紀相近的男性大都已婚。在少數的單身男性中找到合適的戀愛對象，事實上並不容易。

於是她們開始後悔了。「好男人都結婚了」，這是理所當然的。

世界上的人口約有一半是男性，其中有一半是單身。這一半的單身男性中又有一半是小孩子。除了這些人之外，適合妳的男性在這個地球上可說是寥寥無幾。

這雖然是我個人的意見，不過這種相遇一生中大概有三次吧（這並沒有科學的根據，但是在我與衆多女性的接觸中，這是憑經驗的感受）。

因此，如果妳在初戀中失戀了，也不要就此看破紅塵。妳大概還有二次會遇到眞正戀愛的機會。

每個機會都非常重要。因爲當妳和一位男性交往，一直到妳想「和他結婚好嗎」這種關係的建立，需要相當長的時間。

和一個人分別後，要和另一個人築起同樣的關係，一切都得從一開始，這需要花幾年的工夫。

隨隨便便地談戀愛、隨隨便便地分離，一晃眼就是五年、十年。人生並不是無限長的。好不容易有個向妳求婚的男性，而妳自己又喜歡他時，又何必迷惘呢？

♣人邁向成熟的必經階段♣

將近四年處在是否要結婚的迷惘中之小桃，三十二歲那年終於下定決心要結婚了。後來我又遇到小桃，我立刻問她對於結婚生活的感想爲何？

「有快樂的事情，也有悲傷的事情。」

這是二極化的感想。

小桃依照原先的計畫，她並沒有因爲結婚而辭去工作，因此，她仍然在原來的廣告公司工作。照她的說法，「結婚後工作的壓力度減少了，所以身體也樂得輕鬆」。

由於結婚後繼續工作，所以會遇到很多必須重新調適的問題。

這時身邊有人傾聽自己的心聲，或是沒有人在身邊和自己談話，這種壓力的感覺完全不同。無論如何，有一個人在身邊傾聽自己的心聲，都是最大的支持。

單身女性往往陷於工作的嚴重壓力感中，因而自律神經失調的人很多。她們以工作爲自信的泉源，一旦工作上產生挫折、失敗時，就好像自己的一切都被否定般受傷。因此如果結婚後，精神方面就會出現餘裕，所以，這種傾向就會比較淡薄。

此外，結婚生子則神經也獲得充分的鍛鍊，對於壓力的忍耐力也比較強。

在結婚生活中，一般人會遇到不如意的事情，這是無可避免的。因爲來自不同環境中的二人生活在一起，當然會產生一些摩擦。會產生一些不協調，當然也會有爭吵。

但是，我認爲人生不如意之事十有八九。無法事事都依照自己的想法順利進行。

有時候，爭吵之後覺得自己受傷了，這時可以想「哎呀！自己也有錯呀」，累積這樣的經驗可使人越來越成熟。經驗可說是人生大學的存款準備金。

結婚育子的過程沒有實際經驗是無法了解的。只有身歷其境者才知道到底是怎麼一回事。我想絕對不像是小桃在婚前所想的那樣。

例如，看見溺水的小孩就立刻跳入河中的男子，這位因男性一開始就擁有勇氣嗎？我想未必如此。男性在沒有思考的情況下跳入水中，在游泳之際他的勇氣會漸增。

這就是有關於行動的動機。換言之，人就是在從事某種行動之中，動機越來越強。因此，結婚和育子也一樣，就是在做的當中動機越來越強，意外的是，也會發現越來越容易。

犧牲身體所求為何

「一天只有二十四小時。工作時間都不夠了，哪有時間約會。」

像這種賣力工作的人，最近並不限於男性。

的確，最近爲工作拚命的女性確實增加了。其象徵就是年輕女性「海外留學」或「海外就職」普遍。有越來越多的傾向，她們磨練自己、向自己挑戰，希望朝人生的更高峰邁進。

一聽到留學，很多人會心想：「嗯，到國外生活一定很好，眞羡慕吔。」但是，如果在國外生活一、二個星期，也許可以過得很快樂，可是一談到留學或就職，就不是隨便就能勝任了。

食物不同、習慣不同、語言也不是很通。歐美是個人主義文化，因此即使是住在外國人士家中，他們也放任你不管，這也是造成壓力的來源。

利用暑假前往倫敦遊學的女學生（二十歲），在學生餐廳看到整盤的扁豆，這是前菜吧，她心想。但是等了好久，都沒有其他食物。原來這一餐就只有吃扁豆和麵包而已。

習慣於菜色豐富的日本飲食，她當然無法適應這種只有扁豆和麵包的餐點。但是，由於在學校的餐廳用餐較節省，而且不必走太遠，所以對她而言是非常經濟的。但是過了一個月後，她的體重減輕了八公斤。而且月經也突然停止了。

如果忽略了「飲食」這種維持健康的基本條件，身體就會突然起變化。

像這種海外生活，身體所感受到的緊張程度，超越本人的意識，結果使得身體毀壞的例子也不少。

回國後大約三個月，月經都沒有來，但是經過一年後，她的身體還沒有復原。整個臉頰都消瘦了。

又到了夏天時，她又開始說「今年我要到倫敦去」。我當然不贊成。「身體還沒有治好，怎麼可以去呢。自己的管理都還沒有學會，不應該去留學的」，但是她沒有聽進去，她決定再度前往倫敦。

像她這樣連旁人都會認爲爲什麼會到達這種地步的「留學」，事實上有很多。

♣出血狀況尚未停止就到海外♣

二十三歲的小美（假名）是一位長髮披肩的嬌小女性。她剛辭去服飾店的工作，目前沒有工作。不久前在其他醫院進行墮胎手術。

手術後第五天，她到我的診所來，告訴我：「我的肚子很痛，不知道是否因爲一直出血的緣故。」

像小美這種出血，經常可見於手術後。這時必須觀察經過，判斷到底是手術造成的影響，或是其他疾病、荷爾蒙異常所引起的，因此，需花相當程度的時間以便找出原因才行。

「下週我要前往澳洲，不知道可不可以。」

我眞懷疑我的耳朵是不是聽錯了。

她剛動過手術的身體，還受到很大的傷害。甚至還在出血，這眞是不得不愼重考慮的問題。

「去旅行嗎？」我試著打消她出國的念頭。這時小美有點高興地說：「我要去留學。」

因爲行程已定，所以無法延期。

爲什麼要去澳洲呢?根據她的說法，她是藉著觀光旅行之際前往澳洲，一邊學習英文一邊打工，預計一年之內不會回國。她先在當地從事導遊的工作，如果找到其他工作，就會一直待在澳洲。

「可是身體還沒有復原，最好不要去!」我當然反對她去。

最後她說:「我還會待在家中一陣子，請爲我開藥。」領藥之後她就回去了。

♣不會自我管理的女性♣

小美離開後，某日，來了一位穿著襯衫的男士，他是小美的男友。

根據他的說法，小美並未回母親家。她依照原訂的計畫前往澳洲旅行了。「來打擾妳眞是不好意思」，他微低著頭，好像想說什麼，但是卻欲言又止。爲什麼要在勉強自己的身體之狀況下去「留學」呢?他來的理由爲何呢?我有點不解。

他比小美年長三歲。交往一年，本來是同事。他說話時給人的感覺還不錯，但是表情有點暗淡，甚至感覺有些沮喪，呈現受壓力的模樣。

當我想詢問時，他打斷我的說話。

「事實上，她到現在還在出血……」

他終於談及主題了。他因爲非常擔心小美，所以代她來找我商量。有這麼好的男友，爲什麼小美非得前往澳洲留學呢？依照一般的情形，小美應該會希望和男友一起呀，我的心中有個大疑問。

也許小美並不是這麼喜歡他吧，但若非如此，又爲何和他有了孩子呢？況且根據他的說法，小美到了澳洲後還經常打國際電話和他聯絡，況且還會告訴他自己身體的狀況。

這麼說來，小美應該不至於討厭他吧！

通常懷孕這件事情是不太會和家人商量的，談及身體的事情，也只有找這位男朋友了。

不論怎麼說，小美的行爲都令我搖頭。

我只能請他轉告小美「請她前往當地的婦產科就診」。

然而，小美好像還是沒有前往醫院。的確，在語言不通的國家中，前往婦產科需要相當大的勇氣。

但至少她應該親自打電話到我的診所和我聯絡。我請她的男友傳話給她，然而等了一段時日，小美還是沒有與我聯絡。

身體是自己的，但是卻不會自我管理。不過還好，小美的身旁還有這麼體貼的他。世上眞是沒有樣樣完美的事情。

小美的出血狀況在到達澳洲後曾經一度停止了，但是過了不久後又再度開始。由於量並不多，因此並不是致命的傷害。但是由於不明原因，還是應儘早止血較好。

那位男士說，小美的症狀都是自己害的，他是一位相當有責任感的人。他們已經一個月沒有見面了，他聽說小美的胃也不好，而且比以前更瘦了，所以他請我開胃藥。

即使我想爲她治療，但是由於患者在南半球，沒有辦法前來我的診所，所以我也無法盡太大的心意，我只能爲她祈福。眞是沒有遇過這麼令人擔心的患者。

♣連自己都不知道，旁人又能如何♣

他每隔一段時間就會來我的診所，向我報告小美的症狀，並且爲她拿藥，再寄往澳洲。

有一天，他和往常一樣，到我的診所報告事情的經過。

「她並不是爲了學習英文而前往澳洲。」

「……？」

「她只是認爲，自己的一生中應該有一段時間在國外生活。」

男士以沈著的口吻說。她的眼中充滿對小美的體貼。他比小美成熟多了，而且也比小美還了解小美本身。

過了一個半月，他又和我聯絡了。

「醫生，已經止血了。」

「那太好了！」

他和我在電話中說明他的喜悅，這才令人安心。大概是因爲精神壓力的緣故，使得荷爾蒙異常而引起的出血吧！

雖然本人覺得沒什麼，但是有一年的時間待在國外獨居，也需要承受相當大的壓力。

儘管如此，我對於小美的留學還是覺得像謎一樣。她眞的可以不管自己的健康而去留學嗎？眞的値得嗎？甚至放得下溫柔體貼的男友……。

例如，出血狀況停止了，本來應該由小美本人直接和醫生聯絡，但是她並沒有這麼做，而是由男友做這件事。

對於小美，與其學習語言，我認爲她更應學習其他方面的成長。但是小美本人並沒有看透這一點。

當一個人充分了解自己後，才能看淸對方對於自己的體貼心情。

不關心自己身體的女性心理

小秋（假名）是一位開朗的女性。二十九歲，單身，從事編輯工作。小秋原先不是我的患者，她是爲了女性雜誌之健康版的取材工作而前往我的診所。

因爲從事大衆傳播工作，也許這是她們的特徵，所以小秋的聲音特別宏亮，一切顯得架式十足。她總是依照約定的時間出現，好像對工作非常熱心。

並非小秋工作時不盡心，而是我們在閒談時偶爾會談到一些她的情形，以下稍加介紹。

小秋大學畢業後就在出版社擔任雜誌編輯的工作。由於常加班，她總是搭最後一班電車回家，一個月中大約有四分之一的時間她會搭上最後一班車回家。但是不管她多晚回家，身爲新社員的小秋每天早上十點一定會出現在公司。

「那眞是很大的壓力吔，身體怎麼受得了？」

我在談話中途問她。由於受拘束的期間非常長，所以身心所受的壓力也一定相當大。但是小秋眞能忍耐，這種生活她持續了三年，但她的胃腸也搞壞了，於是她趁這個機會向公司辭職，而擔任自由編輯。

「工作快樂嗎？」

「這種工作時間是持續不斷的，所以工作量反而增加了。」

小秋這麼說，但是她的表情還是非常生動活潑，顯示她對這份工作非常感興趣。她現在大約在接近中午時才起床，下午就外出往各地取材，夜裡才回到家裡工作。直到天際泛白時才上床。進行完全日夜顚倒的生活已經將近四年了。

♣因此無月經，所以身體狀況好嗎？♣

「這種生活身體受得了嗎？」

她來我的診所取材幾次後，我再度問她同樣的問題。但是小秋的確看起來很有精神，不過她的顴骨等骨骼看起來都非常醒目，感覺就是非常消瘦的樣子。

聽她說明我才知道，她已經三年沒有月經了。

我聽了不禁呆住了，因爲在前次取材時，我的談話內容是「月經是女性健康的測量計」，而且小秋還將它原封不動地記載在雜誌中了。

換言之，沒有月經是一種嚴重的疾病，應該非常注意，但是小秋怎麼會好像對於自己的身體一點都不在乎的樣子呢？

「可是我現在的身體狀況不但很好，而且因爲無月經一點也不感到麻煩，所以就一直拖到現在……。」說著，她自己就哈哈大笑。

小秋的月經不順，是在她大學畢業到公司上班後就已經開始了。因爲工作的壓力大，所以她月經的第一天一定是在週末才開始，而且周期都有點遲。當她辭去公司的工作後，工作更忙，終於到了沒有月經的地步。

一般而言，月經如果遲三、四天，就應該緊張了。但是她的月經根本沒有來，她還不緊張。她好像還感覺這樣子可以使自己的身體更輕鬆似的。但是，這是由於女性荷爾蒙的作用停止的緣故。

荷爾蒙一旦低下，首先就是食慾減落。但是人如果不吃東西，頭腦反而更清晰。再加上沒有月經的周期，更助長了頭腦的清晰。

因此，就像小秋所說的「現在身體的狀況很好」。但是這是因爲女性荷爾蒙作用休息的緣故，絕對不是可喜的現象。

♣荷爾蒙降低就不會發情嗎？♣

於是我和小秋約定好好地治療無月經的症狀，每天測量基礎體溫，飲食方面一定要依照三餐進行。

無月經的治療最低期限，前面已叙述過了，就是無月經期間的雙倍。因此小秋已有三年時間呈現無月經狀態，所以她必須花六年的時間治療。

但是，小秋因為工作忙碌，無法持續這麼長一段時間來往醫院。因為「工作忙碌」的理由，她半途而廢了。此外，由於她起床及睡眠的時間並不規則，所以她的基礎體溫表呈現凹凹凸凸的曲線，根本不能代表什麼身體狀況。

飲食方面也一樣，本來就因為荷爾蒙減少而使得食慾降低，而且不吃東西反而能提高工作效率，所以要她一天吃三餐也是讓她無法實行的一點。

小秋的身高一五九公分，體重只有四十公斤，可說是太瘦了。她的臀部一點肉也沒有，連痔瘡都產生了。

即使如此，她也只在她想到時才到醫院來，並沒有耐心持續治療。

有一天，我在偶然的機會中遇到一位小秋的朋友。我趁機問她：「小秋現在怎麼了。」結果她笑著回答：「小秋最近開口閉口都是沒有月經，或是便秘、痔瘡等話題。」

如果飲食不正常，當然會引起便秘現象。而且無月經及痔瘡也沒有辦法治好。

一般而言，二、三十歲的單身女性聚集在一起，聊的通常都是有關戀愛或結婚的話題。然而，和小秋聊天，她卻不是談有關戀愛的話題，而是年輕單身女性所不常談的無月經或便秘、痔瘡的話題，這到底是爲什麼呢？

這是他人的隱私，我無法深入探討。

一般而言，太過於瘦是因爲荷爾蒙作用不佳的證據，此外，由於荷爾蒙的分泌減少，所以也比較不容易發情。換言之，就是比較沒有談戀愛的心情。

也許小秋因爲工作壓力的關係，加上荷爾蒙減少、無月經、食慾不振、便秘、痔瘡等各種症狀，使得她的身心陷於無法戀愛的狀態。

問題是小秋本身也不在意這些，仍然過著以工作爲中心的生活。眞希望她早一點注意自己的身體狀況，不要等到太遲時，後悔也來不及了……。

◆「不結婚」的選擇

請考慮以下幾點：

①**能夠忍耐孤獨嗎**→年輕時也許沒有注意到，但是請將視野延伸到七、八十歲時的單身生活。

②**會設計人生嗎**→基本上一定要自己負責自己的生活。因爲年齡大了之後體力就會衰退，但是妳也不得不一直工作下去。

③**能夠確保豐富的感情嗎**→單身生活雖然很愉快，但是感情方面卻過於單調了一些。因此，必須鍛鍊自己的身心，擁有各種感情經驗，擴展自己的視野。

④**對於小孩子**→生育孩子是一種本能的心情。但是隨著年齡增加，會越來越喜歡小孩子，但年齡增加後，表示妳想要小孩子時，並不一定能夠懷孕。

⑤**有沒有了解自己生活方式的友人**→年齡越大，想建立沒有利害關係的親密人際關係就越困難。

⑥**能夠管理自己的生活嗎**→必須有強烈的自律感。

〔第5章〕結婚前夜迷惘的女性心理

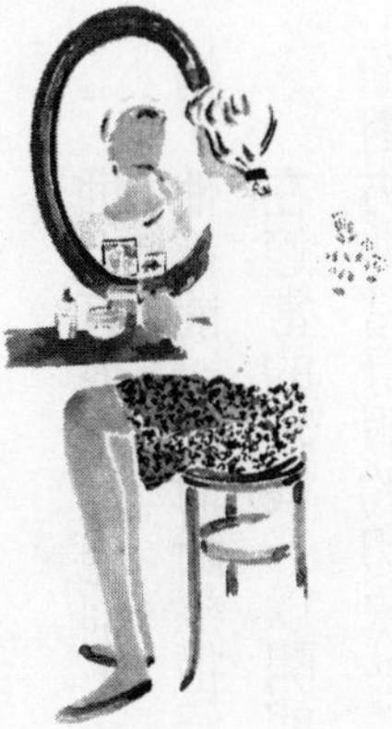

因為拒絕男性而感到不安

世上有很會拒絕別人的人，不管別人拜託他什麼事情，或是邀他做什麼事情，他都能一笑而斷然拒絕。

在適當的時機，以開朗的態度，非常洗練地拒絕對方，雖然拒絕了對方，卻給對方非常舒服的印象。

一般而言，這種人的人際關係及戀愛關係都能平順地進展、輕鬆地進行。即使拒絕對方，也不會傷害對方，更不會因對方的要求而壓抑自己，不會造成本身的緊張。

因此，巧妙地對人說NO，是人際關係中相當重要的技巧。

然而，在現實生活中，認爲拒絕對方是很辛苦之事的人非常多（因爲拒絕對方也許會造成對方不舒服），因爲這種煩惱，往往喪失了適當的拒絕時機，此外，拒絕時由於過於緊張，也會使雙方的氣氛顯得尷尬。

這種人在拒絕對方時，身心上會感受到相當大的壓力，別人感受不出來。我本身在十幾二十歲時，也不太會控制人與人之間的距離。也認爲拒絕人是非常辛苦的事情，因此給自己留下很大的壓力（最近由於稍有經驗了，因此對於自己不喜歡的事情，會直接告訴對方自己不喜歡）。

因爲壓力而造成身心的變化，這種人多半是認爲「拒絕對方非常辛苦」的人。

他們幾乎毫無例外，都是非常認眞、非常誠實、不會說謊、太過於考慮對方的立場，而忽略了自我主張，因此經常面臨困境。

像這種不太會拒絕對方的人，在戀愛上也是相當辛苦的。

我聽過以下的例子。一位女性和某位男性並不是非常親密，沒有什麼戀愛感情，但是因爲男性約她，她不好意思拒絕，所以就和他出去。有了一次的約會後，男性又再度約她，她越來越沒有辦法說NO。因此，當這位男性約她「一起去旅行吧」時，她也沒有辦法斷然拒絕。這種壓力造成她下痢不止的現象。

聽說她因爲體調不佳，因此無法去旅行。因爲沒有辦法說NO而踏入結婚禮堂的女性，而形成「不幸」的情況也不少。

♣無法拒絕求婚的女性♣

千惠是一位臉型瘦長的溫柔女性。年齡二十二歲，在合作金庫上班。她是一位胃潰瘍患者，造成胃潰瘍的原因是壓力、緊張及細菌感染所致。但實際上，有壓力的人很多，千惠就是其中一人。

即使吃藥，症狀也沒有改善，而且越來越痛苦，表示她的心情有點灰暗。我很擔心她的狀況，於是問及關於她的情形——。

「事實上我是為結婚而煩惱。」千惠說道，「但是喜帖都已經印好了，我無法拒絕……」

說著千惠低下了頭。原來她預定在四個月後舉行結婚典禮。

像這種在結婚前煩惱的女性非常多，甚至有不少女性在結婚之前才和對方談判破裂。

曾經有患者告訴我「明年春天要結婚」，於是我將其「結婚預定日」記入我的行事曆中。因爲患者的生活變化和治療有關。大約在三個月後，患者又告訴我「我不結婚了」，這種情形也不少。

因爲種種原因而在婚前取消結婚的例子不少。然而在婚前適當時機無法拒絕對方的求婚，到了結婚前才一再地思考，認爲「還是不喜歡」，最後才取消婚禮的類型也很多。

像千惠小姐這樣，在適當時機未拒絕對方的求婚，等到結婚的工作一一進行時，才爲了想取消婚禮而煩惱。

「他是典型的大男人，經常說『跟著我做就沒錯』，我想，像他這種個性，結婚後我不知道和他和不和得來……」

在對方半強迫之下決定結婚。千惠是一位非常溫柔的女孩，她甚至對我說「我和她結婚也沒有關係，但是我不入戶口。」

「那麼，就是和他同居而不同戶口了？」我問道。

只舉行結婚典禮，但是不入戶口，或是不舉行結婚典禮，也不入戶口的男女非常多，最近這種例子更爲增加。只要二人情投意合，不管以什麼方式在一起都沒有關係。但是已經煩惱到引起胃潰瘍了，最好還是想想看有沒有其他的解決方法。

然而，對方強調舉行婚禮時，也要千惠入戶口，因此千惠越來越煩惱，而且胃潰瘍的症狀也因結婚日期越接近而越形惡化。

♣正確地面對自己♣

過了幾天後，千惠告訴我「我曾經墮胎，我不知道該不告訴他」，聽了他的話令我大吃一驚。

她在十幾歲時曾經墮胎。當然不是他的孩子，而且他也不知道這件事。「不知道該不該告訴他這件事，我一直很擔心……」，千惠這麼說。

在此之前千惠曾經告訴我和他的個性不合，因此對於結婚一事很煩惱，我想這並不是謊言。可是她心中最在意的還是墮胎經驗。

人本來就會有許多煩惱，但是這些煩惱由於無法對他人說明，往往就會成為討厭自己的根源，因此就會陷於苦悶、煩惱中。

人如果能將自己眞正的煩惱告訴他人，自己才能超脫這個煩惱。或是一開始就說出來，往後就不會越來越煩惱。人往往會爲了隱藏眞正的煩惱，因此會以不這麼深刻的其他煩惱爲藉口，藉此掩蓋眞正的煩惱。

千惠的煩惱，就是沒有辦法告訴任何人的眞正深刻的煩惱。

像這種本來準備結婚的女性，後來卻取消婚約，其中有不少和千惠相同的情形。她們發自心底地對人生產生悲觀的態度。但是以結論而言，不管未來如何，即使再度懷孕生產，過去的墮胎經驗別人是不會知道的。

「沒有任何人知道，妳可以將這個秘密藏在自己的內心一輩子。」

聽了我的回答，千惠的表情起了微妙的變化。

「如果妳不想說，那麼妳根本什麼都不必說。」

我接著對她說。她的嘴角露出微笑。

只要手術後的恢復正常，就沒有必要擔心。身體上應該不會留下任何傷殘的。所受傷的，是當事人的「心」而已。因此是否要將墮胎經驗告訴對方，完全是「心的問題」。

也許坦開心胸，將秘密告訴對方，則當事人可以舒坦一些。但是，如果說明後對方無法接受這項事實，則二人之間反而會留下心結。這是非常微妙的問題。

千惠的情形，由於她的天性認眞，因此，她對於過去的經驗不願意坦白，往往一直處在自責的氣氛中，這一點令人擔心。

然而，再次見到千惠時，我鬆了一口氣，因爲她變成非常開朗。好像有什麼事情使她極其放鬆的樣子。

聽了她的談話，才知道千惠已經告訴對方自己曾經墮胎的事情。

♣看淸對方另外一面的時候♣

當結婚典禮更接近時，兩人又面對面對於入戶口之事進行討論。

當天他和往常一樣問千惠，「妳爲什麼不肯入戶口呢？」這時千惠突然想對他坦白。

我並不淸楚千惠的心中起了什麼變化。也許是因爲我告訴她如果不想說就不要說，這件事使她的心境起了某種變化吧！千惠好像覺得，如果告訴她事實能取消婚約，那也不錯。

然而，千惠對他坦白後，他的反應卻出乎千惠的意料。

「什麼，有這種事呀……」

他苦笑著回答。

接下來他對千惠說：「我本來還以爲妳愛上其他人了，所以拒絕入戶口。」

這時，千惠才發現他也有擔心的一面。

關於過去的墮胎經驗，他說「對於這件事我一點也不在意」，而且還反過來安慰千惠。這眞是個乾脆而豪爽的男孩，與千惠的多愁善感正好成對比。

千惠鬆了一口氣之後大哭起來。她沒有注意到對方竟如此寬大。

後來，千惠因爲壓力減小了，所以胃潰瘍也不藥而癒，身體的狀況逐漸變好。順利地結婚、入戶口，而且過著安定的生活。

有趣的是，一開始討厭的對方的個性，現在看起來變得很喜歡了。仔細想想，事實上，他並沒有任何改變。

本來人的長處與短處就是一體兩面。例如由好的一面來看是優點，但是從壞的一面來看，也可以說是缺點。他的情形，由好的一面來說是豪爽，從壞的一面來看，也許就是有點大男人主義。

哪一面看起來較強呢？這就要視二人的關係而定了。

不想結婚，只想要孩子

準備結婚的年輕女性，到什麼時候才會說「希望接受婚前健康檢查呢？」

所謂婚前健康檢查，是健康診斷的一種，接受婦科的檢查，確定將來是否能懷孕、生子。

以前也有人這麼做。但是她們接受檢查的目的大都是爲了得到一份診斷書。然而，最近的年輕女性接受婚前健康檢查，卻未必要拿診斷書。換言之，她們接受健康檢查，只是爲了要讓自己安心而已。

「我是不是可以生孩子？」

她們幾乎沒有例外，都會問這個問題。會不會生小孩是她們非常在意的問題。我不了解她們的心情，以前的女性，婚前從來不問這種問題。

以前的女性認爲，只要結婚後很自然就會生孩子。從來不會因爲擔心婚後會不會生孩子而到醫院檢查。或是因爲自己已經快要成爲高齡產婦而急忙結婚。

♣因爲想要小孩而結婚♣

回想我自己的婚姻，從來沒有想過「因爲想要小孩而結婚」。而且我從來沒有想過生小孩的事情就結婚了……。

我二十五歲時結婚，不久後就懷孕了，當時我心想，要不要生下這個孩子呢？一方面是因爲醫院的工作忙碌。另一個理由是，我認爲我的丈夫並不喜歡小孩。

我之所以這麼想，是因爲在結婚之前，丈夫曾說「一想到小孩長得像自己的臉，就覺得心情不好」。聽到他的話，我就認爲他並不喜歡小孩。

因此，我當時曾經煩惱，我該和他結婚嗎？甚至會想，沒有小孩的人生也許也不錯吧！而實際上，當時還年輕，並沒有考慮將來的問題。

由於夫妻倆都是婦產科醫生，每天都爲其他小嬰兒服務，事實上也許已經充滿了某些愛吧！或是說對於生產有一點遲鈍感，所以說，年輕時我並沒有非常希望自己生一個小孩。

然而，生下小孩後，卻有一種難分難捨的心情。這種疼愛的心情，實在不是看其他的小孩子就能感受得到的。而且更令人震驚的是，丈夫爲之一變。他就像疼愛小寵物般地抱孩子、親孩子、寵著孩子，他將全部的關心投注在女兒的身上。這時我才眞正感覺到，人是會變的。

但是仔細想想，結婚育子原本就是一連串的人生旅程。有了喜歡的對象，就和他結婚，接下來就生下孩子，疼愛孩子。等到孩子長大，到了反抗期，夫妻又會爭吵……一直處在擔心的階段。不論發生什麼問題，都是必須配合當時的狀況而應付。

配合狀況的變化，自己也在變化。人即使長大成人後，仍然會變化，而且不變化就沒有進步。累積變化後，精神也越來越成熟。

♣未婚女性的人工授精♣

結婚生產不像以前那麼簡單的理由之一，就是女性晚婚化。

因爲晚結婚，所以就比較難懷孕。

因此，以婚前健康檢查確定「我能生孩子嗎」的人也有增加的傾向，理由即在於此。

前幾天有一位患者和我商量人工授精的問題。

小鈴（假名）現年四十四歲，單身。在外商公司上班。因爲很喜歡到南部旅行，所以晒成小麥色的肌膚。頭髮染成漂亮的顏色，一身輕鬆的裝束。她看起來好像只有三十出頭而已。

小鈴坐在診察室的椅子上，以清楚的語調說：

「我想到美國進行人工授精，不知道我現在還能生小孩嗎？」

我聽了有點吃驚。這種事情很難立刻回答。

不孕症治療而進行的人工授精，在國內也可以治療。但是，基於倫理上的問題，目前還是贊成與反對二種意見交戰。治療也只限於夫妻間的懷孕生產。

關於這一點，人工授精進步之美國的狀況就不同了。他們已經使用夫婦以外的第三者之子宮、卵子、精子生產，這是不爭的事實。

因此，因爲卵巢或子宮異常，而請別的女性代替生殖的代理孕母，或是像小鈴這種單身的女性，需要第三者的精子而進行人工授精，也是可能的。

小鈴並未罹患婦科方面的疾病，健康狀態良好。雖然已過了四十歲，不像二、三十歲的女性那麼容易受孕，卻也不能說沒有可能。

但是……。

「我很希望有個小孩。」

小鈴的眼中露出光芒地說。而我也有感而發地說：

「那麼爲什麼不結婚呢？」

「結婚很麻煩……」

她毫不考慮地回答。

我現在的生活很好，而且單身生小孩，我也有能力獨自撫育小孩，這種情形並沒有什麼不好。

其實，我接觸過很多單身懷孕生子的女性。像小鈴這樣過了四十歲仍然單身的女性中，也有因爲抓住難得的機會而未婚生子的女性。

同爲女性，我了解她們的心情。對於這種選擇，我也心有戚戚焉。

但是，人工授精的情形就不同了。小孩到底還是二人的愛的結晶。並不是只依照個人的意見，得到一個精子而生小孩。

因爲種種原因而未婚生子的女性，在「那一瞬間」也應該彼此間有愛情存在。因而生下了孩子。

但是，小鈴只依照自己的心情而決定生小孩。如此生下的孩子，能對自己的事情有所了解嗎？爲什麼沒有父親？爲什麼自己的肌膚及頭髮的顏色和周圍的人不一樣呢？當小孩有了這種疑問時，小鈴可以說明得讓小孩了解嗎？社會能接受這個小孩嗎？問題非常多。

一九八〇年代由喬治・洛伊・海爾導演的『卡普的世界』，這部美國的電影非常轟動。其中，就有和小鈴一樣「討厭結婚，或是和男士在一起而只是想要小孩」的極端思想。主角是一位軍中護士。

她在第二次世界大戰中，在她所服務的醫院中強姦了一位身負重傷瀕臨死亡的士兵，因而達成了自己的目的。後來生下了一個男孩，取名爲卡普。卡普的人生充滿波濤，和他的母親一樣，故事由此展開。

「不希望結婚，只希望生小孩」的女性，已在當時的美國電影或小說中成爲主題。

見到小鈴時，我直接想到，連這一點也和美國一樣。

現在已經是可以在網路上看到「購買優良精子」，並且列舉出男性姓名的時代了。因此，即使可買賣流通的精子，並且選擇優秀的丈夫，讓自己有一個優秀的孩子之女性，也許也不是奇怪的事情了。

小鈴雖然不是以這種姿態出現在我的診所，但是她是否眞的前往美國接受人工授精就不得而知了。雖然個人存有疑問，但是如果本人非常期盼時，則他人也無法阻止。這將成爲今後衆人議論的主題。

♣想生小孩的本能♣

大膽地來和我談「單身而想到美國接受人工授精」的小鈴，並不像『卡普的世界』中的軍中護士一般，具有強烈拒絕婚姻的姿態。也許這是因爲年紀太大了而產生的想法。

如果小鈴現在二十四歲，也許她就不會想到這件事情了。如果她想要孩子，應該首先會考慮結婚。

或是二十四歲時還熱衷於工作，根本對於孩子沒有迫切的希望。

「丈夫」、「小孩」及「工作」三者，本來就是無法比較的。結果往往有很多單身女性選擇「工作」爲最優先，因而忽略了婚姻大事。小鈴表示年輕時「並未想要結婚」，就是屬於這種類型。

就這麼一天天地過去，對女性而言，到了某種年紀時會產生想要生小孩的欲求。而這種欲求的波濤就幾度造訪小鈴。

波濤出現的時間及規模，因個人而有差異，但大致在三十歲左右，會有一次大波濤。之後逐漸穩定，到了四十歲左右，又有另一個大波濤。

這和已婚未婚並沒有什麼關係。有些年輕時說「不想要小孩」的人，到了接近四十歲時，就會產生「還是有小孩較好」的衝動。

她們首先是體力衰弱，由於對於生產的時機充滿危機感，因此她們非常焦躁。這種「想生」的強烈衝動，無法以理由加以說明。

例如，從來沒有聽過過了四十歲的單身男性會很渴望地說「眞迫切地想要一個孩子」這種話。由於自己不能生育，因此，這種感情就比較薄弱。總之，這種感情的根是與生俱來的本能。

人或動物不僅有「想生孩子」的欲求，還有「想養育孩子」的欲求，也就是所謂母性。

有一則利用老鼠證明這種母性慾望強烈的心理學實驗。空腹的老鼠爲了求「餌」，發情的老鼠爲了求「異性」，剛生產後的母鼠爲了求「自己的孩子」，都必須穿越通電的橋樑。

在這三者中，不畏橋樑的電力，幾度渡橋的就是母老鼠。換言之，食慾及性慾都比不上母性慾來得強烈。本來這種母性慾的強烈，即使不透過老鼠的實驗，相信很多人在孩提時代也經驗過。母性是一種本能，是一種強烈的欲求。

投入工作中，不知不覺地過了二、三十歲。當生產的時機越來越迫近時，即使妳突然想生孩子，想養育孩子，這種本能覺醒時，也不能保證妳一定能生小孩。

不論妳多年輕，首先妳必須身體健康。當然，有些人能忍受身體的痛苦，但是也有人無法忍受生產的痛苦，無論如何，即使妳希望有小孩，也不是每個人都能夠生小孩的。

我們每天都必須控制各種欲求，而在社會上營生。不是單以本能就能生活。但是，能夠充分地配合本能已是一種事實。

因年齡不同而有不同的結婚決斷

有一天晚上，我接到一位認識的女性所打來的嚴重電話。

「我眞煩惱，我的女兒說她想結婚了。」

「爲什麼呢？這不是很好嗎？」

她的女兒名叫小青（假名），是二十歲的學生。父親在銀行上班，成長於傳統的家庭。但是她越長大個性就越開朗。

當然，與學校畢業後先到社會上工作一陣子，然後再結婚的世間標準相比，小青現在結婚也許早了一點。但是，我經常想，爲什麼目前像小青一樣做這種選擇的女性這麼少呢？覺得很不可思議，因此，不知道受了何種思緒影響，我說了「非常恭喜」這句話。

我當然贊成女性有職業，因爲現在是「女性也應該有職業的時代」。但是認爲

「想結婚走入家庭」這種像以前之女性的人，不也很好嗎，但是在當今風潮之下，這卻很難說出口。然而，小青的事並不是這麼單純。

「不好啦，因爲對方已四十五歲，和我同年紀！」

「呀！」

我說不出話來了。而且對方有離婚的經歷。

常常聽到煩惱的結婚前女性說「眞的要和這個人結婚嗎」，但是，這件事情是因爲小青迷戀這位男性。「想和他結婚」就是他現在的心。

煩惱的是他的雙親。

問題還是相差二十五歲。的確現在也許很好，但是過了二十年之後，女方只有四十歲，還是年輕的年齡，但對方已經六十五歲，已經垂垂老矣。

如果二人都依照平均壽命計算。由於男女之間的平均壽命相差六歲，因此算來她大概要獨自生活三十年以上。在這期間的生活難道沒有問題嗎？

此外，小青的雙親在意的，還有對方的離婚經歷。即使目前國內每四對夫妻中就有一對離婚，因而再婚其實並不稀奇。但是，像寶貝般養大的女兒，要和有離婚經驗的男人結婚，再怎麼說都令父母不捨，這也是人之常情。尤其是對於女兒抱持極高理想的父親所受的打擊，更是可想而知。

但是，對方誠實、疼愛小青，並且對於她的雙親照顧得無微不至。此外，他在一流的大企業中擔任管理職。換言之，拋開年齡及離婚的經歷不談，他可說是一位人品好、職業佳的優秀結婚對象。

除了年齡及離婚經歷外，雙親找不到反對的理由。只是感情性地無法接受這件事情。因此，小青的雙親更感困擾。

小青的母親勞心之餘，自律神經崩潰，不斷感到頭痛，終於造成失眠的症狀。父親雖然看起來很冷靜，可是每次見到對方時，總是無法展現自然的態度。不知不覺中壓力倍增，頭髮也逐漸白了。

整個家庭可說變成非常不同。但是小青只主張一點：「我喜歡他，想和他一起生活」，一年之後達成最後的目的。

♣適齡期的魅力♣

將雙親「隨時歡迎妳回來」的話拋在一邊，小青沈醉在新婚的幸福生活中。每當丈夫休假時，二人就一起出外旅行。

小青好像得到一位父親兼丈夫似地，被視若重寶地疼愛著。她可說是一位非常幸福的女性。

即使和同年紀的人結婚，也有立刻分手，或是對方早逝的例子。因此，拋開先前的問題不談，仍然是和自己喜歡的人結婚最好。

即使是當初非常反對的小青的雙親，現在也認爲「非常好」。其實爲人父母者，爲了小孩的幸福著想，即使一開始反對，但是只要看到孩子幸福，到最後都還是會妥協的。

小青可說是非常快樂的例子。

小青是如何越過困難的呢？

這就在於她的年輕。

因爲太年輕，所以小青沒有考慮本身的問題。她所煩惱的只是「雙親反對，該如何說服雙親」這個問題而已。與對方的年紀差及他的離婚經歷，對於小青而言一點也沒有造成不安。這就是因爲小青年輕的關係，毫不畏懼地往前直衝。

如果小青再長十歲，遇到這件事情，也許就不會這麼想了。她會因爲自己的將來而感到不安。也許會想到對方的年紀及離婚經歷等。甚至不必煩惱的事情她也都會考慮在內。

女性大約每五年，思考方法會轉變。二十歲、二十五歲、三十歲、三十五歲、四十歲……，每個年齡對於戀愛、結婚、工作等大致上都有共通的感想，而且這種共通的想法大約每五年會改變一次。

例如，對於「可以不顧雙親的反對而結婚」的問題，也因為年齡不同而有不同的看法。

二十五歲的女性會很有衝勁地想辦法說服雙親，但是到了三十歲左右就會出現迷惘的態度。三十五歲時就會更消極了。

除了自己的成長之外，四周的狀況也有所變化。因而帶來影響。

雙親即使備受壓力，還是貫徹他們的意思，不只是小青，即使她的雙親也說「隨時歡迎妳回來」，我想這是因為年輕的關係。

如果雙親的年紀都比較大一些，那麼小青是否會不顧雙親的反對而嫁給比自己年長二十五歲的男人呢？果眞如此，也會引起非常重大的家庭革命。也許會因為擔心高齡的雙親引起什麼問題，而壓抑自己的情緒。

小青之所以能超越困難，可能就是適齡期的魔力。對於適齡期的女性而言，她們能夠不顧一切地投入問題中，就是因爲她們具有「年輕的氣勢」。此外，她們的周圍也有許多允許她們這麼做的條件。

♣晚婚化的缺點♣

現在的都會人口越來越有晚婚化的傾向。尤其是女性高學歷化及積極投入社會，因此晚婚化也是不得已的。

但是，我們也不能無視於這種晚婚化與前述的適齡期魔力的相反作用。因爲晚婚化，所以圍繞在結婚周圍的各種條件就變爲嚴苛了。其中最爲人知的，就是懷孕及生產。

尤其是過了四十歲之後的生產，往往成爲電視及雜誌的話題。現在不但營養不缺，而且女性的身體也越來越年輕。醫療非常發達，然而，四十歲之後的初產婦，仍被列入例外的部分。

隨著年齡的增加，女性的身體也越不易懷孕，這是不爭的事實。

不只是懷孕及生產的問題，還有後續的養育問題。因爲年齡大了還要追逐三、四歲的小孩子，或是面對反抗期的孩子，都不是容易的事情。因爲這些都需要體力及耐力（雖然不夠年輕的部分，能以雙親的精神成熟及經濟安定而彌補）。

除了身體的問題之外，晚婚化還有其困難的一面。以下列舉的就是其中之一。

高惠（假名）是三十八歲的單身女性。父親已過世，她獨自和母親一起生活了十五年。

母親在三年前因爲心肌梗塞而倒下，從此留下半身不遂的後遺症。身爲獨生女的高惠，必須一面上班，一面照顧母親。

有部分原因是家庭因素，所以高惠對結婚一事死心了。然而，某次有了一個大轉機，有一位男士得知高惠的孝心，因此向她求婚。

對方和高惠同年，而且也未婚。他身爲獨生子，和雙親一起居住。由於和高惠有許多共通點，因此二人心境相似，彼此感覺很熟悉，不久後這種感覺就轉變爲愛情。

爲了鼓勵因爲母親而耽誤婚姻的高惠，他不斷照顧高惠的母親，而且提出許多新方法。對於他的關心，高惠也非常開心，不久後二人談及結婚。

然而，這件愛情最後卻以分手收場。理由是男性的雙親非常反對。男性的雙親認爲，必須看護的母親和女方一起嫁過來，這樣子怎麼能夠照顧丈夫呢？男方家人無法忍受「媽媽和女兒一起嫁過來」的事實。

也許男方的雙親對於自己的將來也感到不安。他們和高惠的母親一樣，己處於高齡階段。他們也擔心自己將來有疾病時無人照顧。

♣晚婚化與親子關係♣

這當然具有個別差異，但因爲高齡，人的心思會越細密，也會越來越依賴子女。過了某個年齡後，照顧者與被照顧者之間的親子「力」的關係，就會產生微妙的變化。

如此一來，對於兒子或女兒的婚姻，就會想到「自己年老後的問題」之雙親，也是正常反應。面臨結婚時，親子之間的「迷惑」之索就會越來越激烈。

這時，如果因爲「雙親反對而做罷」，這種男性好像不值得依靠，但是事情並沒有這麼單純。因爲勉強和沒有辦法接受感情的人居住在一起，是非常困難的。但是分開居住時，又必須面臨經濟上的問題。由於男性自覺自己必須照顧自己的雙親，因此他是不會獨自離家的。

高惠的例子中，如果男方及其雙親都非常年輕，也許親子間會大吵一架。而且無論如何也要說服雙親答應，甚至訴諸於離家出走的非常手段。無論如何一定會以自己的結婚成就爲第一考量。

但是，像高惠的情形，已有一定的年齡，父母親也已經高齡了，在這種狀況下，爲人子女者一定會認爲拋棄高齡的父親，則父母非常可憐，所以不可能獨自離家。

高齡化社會也必須面對少子化的問題，子女必須獨自負擔高齡雙親的一切問題，這個問題今後將越來越是個大問題。

本來自己的婚姻和雙親的看護是分開的個別問題，應該一一超越才對。但是，有時候二個時期如果撞在一起時，就身不由己了，有很多例子就是因此而錯過婚期。

因此，考慮晚婚化時，也應該仔細想想這種親子間迫切的問題。

◆給想生孩子的人。遠離不孕症的簡單檢查

〔擔心的疾病〕

①月經規則嗎?→無月經是不孕症的大敵。
②基礎體溫表有沒有明顯的二層→有排卵才安心。
③生理痛是否嚴重→懷疑子宮肌瘤、子宮內膜異位。如果有不孕症的原因應該盡早就醫。
④分泌物→如果量多，且為黃色的，則也許是黴菌或淋病。應盡早就醫。
⑤是否有特定的性交伴侶→與不特定多數人性交，會提高子宮頸癌的罹患機率。
⑥健康診斷如何→一年接受一次健康診斷。

〔值得擔心的生活〕

⑦是否持續運動→基礎體力強很重要。
⑧飲食是否規則→不依三餐吃飯是造成貧血的原因。尤其早餐很重要。
⑨睡眠時間→一天熟睡七、八小時，可以調整荷爾蒙的作用。
⑩將來計畫→考慮荷爾蒙的狀態，最遲應在三十五歲之前計畫生育完畢。

〔第6章〕遠離戀愛的心病

錯誤的認定綁住自己的心

人對於自己的缺點而擁有的自卑心，具有很大的個別差異。

有的人因爲鼻子矮一點就非常煩惱，用洗衣夾夾高鼻子，或是有的人長得很漂亮，但是只因爲小腹稍微突出一點，就非常在意，因而刻意減肥。

此外，也有臉部美麗，但是希望眼睛大一點，或是曲線不錯，但是就嫌胸部小了一點，總是將不滿集中於自己不滿意的地方。

換言之，普通人不會因爲鼻子稍微低一點、小腹稍微突一點、腿稍微粗一點而煩惱，總會尋求妥協，但是整體而言，程度越高的人對於自己的姿態越在意。以前有一句話「會去美容整型的人，多半是原本就漂亮的人」，這句話眞是一點也不錯。

但是，利用美容整型，將單眼皮變成雙眼皮之後，接下來又會覺得鼻子太低了，於是整型鼻子，接下來又整型下巴……。像這種將一部分的美麗程度提高後，又會發現另一部分的缺點。

由於我不是美容整型外科醫生，所以並沒有患者告訴我「想墊高鼻子」，但是和我商量「身體」曲線的人，卻不少。

有一位從事個人銷售工作的二十三歲女性小美（假名），具有東方性的美麗臉孔，對於髮型及服裝也搭配的很得宜。

然而，她來診察時，表情有點灰暗，她小聲地對我說「事實上我的小陰唇很醜，不但凸出來，而且顏色也比較黑」，因此她希望改善。

♣是內心的問題或身體的問題♣

「誰告訴妳的？」

對於我的問題，小美搖搖頭說，她並沒有和男性性交的經驗，當然也沒有和同性的身體相比較。

從十幾歲開始，她就注意到這件事，因此她煩惱是否終生都無法和男性性交往。

小美的表情非常無可奈何，她希望「是否可以矯正小陰唇」，這在普通人聽起來簡直是不可思議的話，但事實上就有這種例子。

以前我曾遇到一位患者，她和小美有相同的情形。她是二十多歲的女孩，一位曾經和她交往的男性，毫不客氣的對她指出「妳的實在有點奇怪吔」。雖然並未因爲這句話而分手，但是這句話從此就在她的腦海中揮之不去。

實際上說起來，雖然沒有什麼特別的異常，但是如果太在意，不矯正則心理就會覺得不舒服。因此商量的結果是決定動手術。切除小陰唇的手術是非常簡單的。

有時候被男性無心的一句話傷害，女性會感到非常苦惱，會因此而自卑，這時就乾脆動手術吧。與其說是肉體上的效果，倒不如說是精神上的效果來得大些。

但是，小美的情形並非有任何人告訴她有什麼奇怪，經過檢查後也發現完全和普通人一樣，到底她想切除什麼地方呢？我實在不了解。

我將檢查結果告訴她，但是她只是一味地說「我的很醜」，這只是單純的想法而已。而這種「醜」也只是「心的問題」。

♣自我意識過剩♣

事實上，希望接受這種手術的女性，有九成都不是「身體」的問題。

我遇過許多比小美的小陰唇還大的女性。但是我不知道這些女性是否有煩惱。只不過她們並不認爲自己的身體和他人的有什麼不一樣，她們愉快地戀愛、結婚、生子。這是普通的情形。

因爲身體的煩惱而來和我談的患者，種類非常多。小陰唇太大、太黑，形狀奇怪，乳頭太大、太小、乳頭凹陷、胸部太小、太大……。

大也煩惱、小也煩惱。煩惱的種類眞是無奇不有。這些煩惱其實就是人類自己造成的。我想應該沒有煩惱「啊！我的毛好少」的貓吧！

煩惱這些問題者，以青春期到二十五歲之間的女性居多，具體而言，並不是什麼眞正的煩惱，幾乎都是自我意識過剩的產物，單純只是因爲自己激烈想不開的緣故。

自我意識強的十幾、二十歲左右，她們的身心還不平衡，只因爲一點點事情她們就會非常煩惱，大部分的人都有稍微自卑的傾向。

像小美的情形，她之所以會認爲「自己的醜」，一方面也是因爲她的臉型及姿態比其他人優秀之故。如果小美的長相及身材比不上他人，她對自己的外形不滿時，就會將重點放在自己的外形上，也就不會煩惱自己的小陰唇了。

我年輕時也曾自卑過。而中學時最嚴重，早晚都照著鏡子，一直想「我爲什麼長得不美呢……」。

但這種自卑，其實是沒什麼緣由的，只是無中生有罷了。

我讀高中時，跟著一位家庭老師學習英文和數學，由於成績不斷進步，因此我對自己產生了自信，對於長相上的自卑，也就越來越減輕了。

但是，並不是完全消失。進入大學之後，仍然不斷徘徊於鏡子前。

有趣的是，大學時代我遇見了現在的丈夫。後來聽他說話才覺得眞好笑，他說他看到我的感想——「哇，竟然胸部這麼大的女性。」

我的胸部本來就不小。大學時只要我低頭，我無法看見自己的腳趾甲，因爲被胸部擋住了。但是我從來也沒有想過「我的胸部這麼大，怎麼辦」。我總是將注意力放在自己的臉上。然而，對丈夫而言，他首先注意的，就是胸部。

人多半只會注意自己的缺點，而忘了自己的優點，因此無法和自卑脫離關係。後來，我開始工作、結婚、生子，原來煩惱的長相問題就被趕到一旁了。結果隨著時間的經過，精神成長後，這些煩惱自然就解決了。

小美即使和男性喝茶、聊天，也不敢有更進一步的關係，因爲她怕暴露自己的缺點，眞是辛苦呀！

但是，隨著她的自我成長，這種無謂的煩惱，也許就會慢慢消失，才能以健全的心接受愛她的男性，也才能改變自己的一生。

♣自卑的束縛♣

初次見到小美時，我心想「這眞是個美女」，但是一問之下才知道她根本沒有男朋友。這種情形並不只限於小美，在我每天接觸的衆多女性中，很多人都有和小美一樣的遭遇。因爲長得漂亮，所以煩惱少，也應該有男朋友這種推測，已經不適用了。

也有正好相反的例子。前幾天，有一位高中生來和我商量「分泌物比較多。

分泌物量和性行爲有關，所以我問她「有沒有性行爲」，她笑著點點頭說「有的」。她和對方維持相當穩定的關係。

聽到高中生有性經驗，並不是値得大驚小怪的事情。但是我仍然覺得很意外。之所以意外，是因爲這位高中生長得旣不漂亮，外型也不是很好。而且她也不是早熟型或會打扮型的女孩。

她非常胖。有些女孩比她瘦相當多，就會煩惱是否太胖了，但是她卻表現出非常開朗的態度。

這位高中女生完全沒有因爲自己的外貌和體重而感到自卑的樣子，她活得非常自在。相信大部分的人看了她一眼，就會說她不及小美漂亮，但是小美卻比她灰暗多了。身爲高中生的她，有了很要好的男朋友，而且非常開朗，由此可知，是否受自卑束縛造成很大的差別。

♣如何和自己的缺點交往♣

我曾經在一本雜誌上看到一則記事，松任谷由實小姐說「我的缺點很多」，這句話令人印象深刻。她是一位歌技超群、才華洋溢，而且姿態非常優美的女性，但是因爲她和自己的妥協點非常高，所以才會產生這樣的不滿。

有一位看了這段雜誌內容的年輕女孩說：

「仍然是負面的作用較大。」的確，這也是一個理由。

人感到自己的身體或精神上有缺失時，爲了要彌補這種缺失的心理作用，維也納的精神科醫師稱之爲「補償」作用。

其中，也有代表克服困難的雄辯家，因爲「補償」的作用，發揮了普通以上的能力。也有不少和拿被崙一樣矮個子的男性，他們視自己的缺點如彈簧般，而成就了大事業。

不論任何人，都有缺點。對於自己的缺點擁有劣等感是非常普通的心理。因此而受挫，或是以此爲彈簧的原動力——。最重要的在於如何和自己的缺點交往。

我向小美說明沒有動手術的必要，請她回去。她認爲的「醜」是「心理的問題」，如何超越這種內心的問題是努力的方向。

沈迷於減肥的女性心理

因爲希望瘦而拚命減肥，因而損害自己健康的女性非常多。

當然，並不是所有的減肥方法都會遭致危險，只要依照一定的目的及期間決心實行，則應該沒有問題。

危險的是，體重在標準範圍內的人，隨意地認爲「我自己太胖了」，因此秘密地控制體重，實行減肥，因而損害了身體。來診所求診的多半屬於這個類型。

是否肥胖，有客觀的計算方法。明確表示體格是否肥胖的，有ＢＭＩ算法，將體重（公斤）除以身高（公尺）的平方，如果求出來的數值不滿二十，就是太瘦了，二十以上未達二十四屬於標準，二十四以上，二十六・五以下稍微肥胖，二十六・五以上則是肥胖。

肥胖是因爲攝取的熱量比消耗的熱量還多，換言之，就是吃太多，但是運動卻不足，所造成的單純肥胖。

有人因爲胃腸不好，因此即使吃太多也不胖，但是絕對沒有胃腸好，即使不吃也會胖的人。只是由於本人沒有自覺的關係，根本原因還是吃太多或運動不足。

此外，肥胖的人其食慾容易受外在環境左右。

例如，即使經常說「我非節食不可」，但是眼前出現蛋糕時，還是會伸手拿來吃，或是用餐、點心的時間一到時，雖然肚子還不太餓，還是會吃得非常飽。這些人多半是沒有配合身體的生理時鐘進行飲食。

因此，肥胖的人進行減肥時，通常不夠徹底，而且有減得非常痛苦，使得身體損壞的情形。然而，如果不能自行控制飲食，只是嘴上說說，往往會陷入過食的無底洞之中而不能自拔。原本不肥胖的人進行減肥時，爲什麼會危險。

最大的理由，往往在於其意識過於強烈，而且秘密進行不是正確方法的減肥。即使家人或朋友，也根本不知道她在減肥。

一般而言，她們多半比較會進行自我的控制，食慾不會受外在的環境所左右。換言之，如果眼前出現蛋糕。她會忍耐不吃。雖然空腹感與攝食行動並不一致，這點和肥胖的人相似，但是和肥胖的人相反的是，她們執著於減肥，即使有空腹感，她也能夠不吃，長久持續下去，就習慣不吃東西了。

無視於身體的「聲音」而具有強烈的意識，並不是一個好現象。持續減肥，一旦發現異常時已經來不及了。

由母親帶來診所的小里（假名），是一位聰明的大學生，但是她給人的感覺是缺乏精力充沛的印象。她的身高一六四公分，體重只有三十八公斤。當然是過瘦了。如前所述的ＢＭＩ計算方法，身高（公尺）的平方×三十二是標準體重，則小里的情形應該是五十九公斤剛好，因此她少了二十一公斤。

本來體重爲五十公斤，二個月後減掉十二公斤，而且維持了半年以上。由於瘦了太多，使得全身的機能不足，即使吃了也不會胖，已經到達這個階段了，一旦她決定不吃，她就絕對不會吃，意志非常堅定。這可說是一種「耐力」。她的母親也非常傷腦筋地嘆氣說道：「她從以前個性就非常剛烈……。」

♣減肥而使得身心受傷時♣

當標準體重下降二成左右。身體就會出現危險信號，會開始沒有月經，而小里已經四個月沒有月經了。

十幾歲到二十五歲左右，是身體各方面機能維持順暢的重要時期。這個時期如果沒有月經，就是相當嚴重的事情，一旦延遲治療，恐怕就沒有辦法依照自己的恢復力使月經來潮，甚至不得不永遠服用荷爾蒙。

但是，減肥的害處不只是沒有月經及全身的機能降低等身體的負面作用而已。連表情也會變得毫無生趣，小里也出現了憂鬱症狀。

人一旦體重下降，出現憂鬱的症狀，就會產生嚴重的思考停滯現象，將自己封閉在小小的殼中。如此一來，無法正確判斷減肥應該到什麼地步爲止。最危險的減肥型態就是這一類型。這種憂鬱症狀如果持續進行，就會造成精神方面不平衡，造成更嚴重的後果。

以前有一位高中生患者，她的情況比小里更嚴重，因爲她減肥過度，甚至產生厭食症。

厭食症在醫學上稱爲神經性食慾不振，也就是身體沒有辦法接受食物的「心理疾病」。也包括拒絕上學及潔癖等，常見於青年期受壓力的症狀，也是屬於現代社會的象徵疾病。

年輕女性的厭食症，多半是由於減肥引起的。

她的身高一六三公分，但是體重只有三十三公斤。因爲沒有月經所以到我的診所來，我判斷她不必以外力治療無月經的症狀，因此，我介紹她去看精神科醫生。由於內心的疾病非常嚴重，所以有生命危險。

這種例子並不少，但是，減肥前她是身心健康、非常開朗的女孩。

這位高中生與長她一歲的姐姐「比賽看誰減肥減得快」，因此造成這樣的結果。

姐姐沒有多久就恢復了，但是較內斂的妹妹就無法停止下來，而且身體越來越衰弱，即使想停，也陷於無法停止的狀態。

♣減肥導致拒絕人際關係♣

但是，令人不可思議的是，爲什麼她的家人及朋友都沒有注意到她的異常呢？

例如前述小里的情形，因爲她並不胖，所以她的減肥相信並沒有引起別人的注意。但是，只吃蛋和蘋果這種飲食方法，難道不會引起任何人注意嗎？

詢問之後才知道，在家中她多半一個人用餐。學校中的情形如何呢？她說：「午餐時就告訴同學『我有一點事』，於是就離開同學而到中庭或圖書館。」

同學之中，當然也有人發現小里每到中午用餐時間時，就不見的情形，但是由於小里決心減肥，因此她變得不太和同學交往，因此即使同學關心她，小里也會盡量加以避免和她們接近。

像小里這樣「開始減肥後，人際關係就逐漸疏遠」的例子經常可見。這雖是減輕體重所出現的憂鬱症狀的證據，但並不只如此。

我們的生活中，「食」與人際關係的關聯密切。例如，和家人一起吃早餐、和朋友一起吃午餐。放學後或下班後大家一起去「吃點心」。男女朋友在約會中進餐，這不只是單純的滿足空腹而已，同時也享受交流的喜悅，確保身心的健康。

但是，陷於減肥中的人，很奇妙地，她們喜歡獨自吃東西，因此當別人邀她一起吃飯時，她往往會拒絕。如此一來，人際關係當然越來越淡薄。

而且，減肥好像有一種魔力似地。越減它和人的關係就越來越密切。當體重減少一公斤時，就會有一種成就感，這時和周圍的意識分歧就越來越寬，不久後連戀愛都談不成了。

♣一吃就有罪惡感♣

國中或高中時，是不是有將蓋子蓋在便當盒上，偷偷地吃便當的記憶呢？

其實，便當中也沒有什麼奇怪的東西，但是爲什麼怕被別人看見呢？總覺得將食物送進自己的口中有點不好意思，讓別人看見自己的便當有點不好意思，尤其是讓異性看到，就更不好意思了……。

現在想起來，當時吃東西眞是奇怪的行爲。也許人越長大，這種神經就越來越遲鈍了，所以已經忘了那種感覺，但是在多愁善感的時期，好像總覺得吃東西是有點可恥的行爲。

我認識的朋友甚至說：「將食物送入口中、咀嚼、吞下，這種行爲近似排泄，因此覺得很可恥。」

因此認爲「會在一起吃飯一定有某種程度的密切關係」。他是一位烹飪家，因此對於「食」的感覺非常細。

但是，對於醫生而言，檢查患者的嘔吐物、排泄物是非常重要的，也沒有什麼污穢的感覺。而且一聽到患者「排便出血」時，會立刻說「先不要沖馬桶」，即使對方感到不好意思，醫生也非看不好。

此外，缺乏食慾的患者恢復食慾時，身為醫生的我就會非常高興。因此，聽到烹飪家朋友對於食物的感覺，眞是令我大吃一驚。

但是，竟然還有比他的感覺更纖細的人，那就是執著於減肥的女性們。她們不但認為一起吃飯是減肥的大敵，因此非常討厭，而且她們甚至認為，吃東西是一種「可恥」的行為，甚至感到「罪惡」感。

更進一步，她們會認為吃東西的自己好像很沒有用似地，陷入討厭自己的狀況中。接下來甚至討厭自己的身體，這麼一來如何談戀愛呢？本來是為了吸引男性的視線而開始減肥，沒想到減肥之後就離戀愛這條路越來越遠了。

快樂地與人一起用餐，可以豐富人際關係，而且是享受快樂戀愛的秘訣。此外，稍微胖一點、瘦一點都沒有關係，只要面對眞實的自己，以愛自己的能力去愛他人，不要過於神經質，以開朗的態度面對一切，就可以從過度的減肥中走出來。而且戀愛也可以平順地進行。

神經質，苦於人際關係的女性增加

「不會和男性進行有效的會話……」

如果男性和自己談話時會對應，但是自己無法找出話題，因此非常苦惱，最後造成雙方都不說話，在沈默中度過。由於害怕這種場面，所以無法獨自和男性在一起一段較長的時間，有這種經驗的女性竟然不少。

「尤其在自己喜歡的人面前，無法找出話題，無法自然地說話……」，嘆著氣對我說這番話的是三十歲的女性莉莎（假名）。

她就讀大學時屬於頭腦不錯的人，但是對於人際關係方面，她就有點問題了。雖然腦中思索做法，但是卻無法在實際的應對中表現良好。

以她的年紀思考她的情形，大概是她的神經過於纖細吧！她本人也說「我是獨生女，所以不太會與人交往」。

當然，並不是所有的獨生子都神經質、不擅於與人交往，但的確有這種傾向。

根據研究報告指出，獨生子女比有兄弟姐妹的人而言，受雙親的干涉程度高，被高度期待，而且在過於保護的狀態下長大。

由於雙親的情愛全部投注於一個孩子身上，所以當孩子想要某物時，雙親就會雙手奉上，因此很難培育出獨生子女的表現能力。換言之，當母鳥拿回食物時，兄弟之間便會互相競爭、互相鳴叫，這就是一種自我主張的能力，但是獨生子女就欠缺這種自我主張的能力。同時，由於經常受雙親注意，所以容易神經質。當一直被盯著時，緊張與壓力就會產生了。關於這一點，動物和人類的孩子都是相同的。

沒有兄弟姐妹時對性格也會產生較大的影響。雖然，競爭、吵架、遊戲等也可以和朋友一起進行，但是有兄弟姐妹的情形，這種經驗還是比較深的。

因此，獨生子女的情形，很難磨練施與受的人際關係。

♣欠缺觀察對方情緒的能力♣

只不過被問到「因爲是獨生子女」，所以「覺得寂寞嗎」的回答，多半是「N

〇」。因爲從出生起就是獨生子女，所以已經習慣了。

因爲是獨生子女的關係，所以有單獨生活的能力。即使休假日，也可以不和任何人見面，獨自待在自己的房間。這種「能力」是使個性發育的重要因素。

但是另一方面，這種能力也有成爲陷阱的危險性。因爲封閉在自己的世界中，內心就可以獲得滿足，因此不會積極和其他人交往。如此一來，就很難培育出協調性。

但是，一般而言不必過於擔心。因爲獨生子女的氣質，通常都會在學校、社會上訓練之後，其原有的氣質不會一成不變地流露出來。

我本身是個獨生女，十幾歲時有非常激烈的認人的傾向，即使現在，和不認識的人聊天時，大概也只能聊一些有關於天氣的話題。雖說並不是自己有特別的意識或性格，但是自然就表現出這種性格。

但是，也有像莉莎這樣，即使長大後還保留這種氣質的情形。這也經常形成戀愛的阻礙。爲什麼她在自己喜歡的男性面前就說不出話來呢？我想每個人都差不多，因爲喜歡，所以說不出話來，這點不必太過在意。

戀愛時的對話，和普通朋友你一言我一語地說話完全不同。當彼此的交往到達某種程度時，即使不需要很多的語言，也可以彼此會意。

莉莎害怕沈默，在沒有什麼話可說時，就感到焦躁，但是事實上沒有這種必要。這反而是好現象。

戀愛要在觀察對方的心情下，愉快地、慢慢地交談，有時候什麼話都不說也沒有什麼關係，這個「時間」是非常重要的。不做特別的事，只是二人手牽著手，慢慢地在公園散步，享受幸福的氣氛，這就是戀愛。這種會話術，比說很多話的會話難度更高。

欠缺觀察對方心情能力的莉莎，首先必須著眼於這一點。

♣缺乏自我主張♣

一般而言，兄弟姐妹的人數越多，越能鍛鍊人際關係，此外，對於精神方面也有幫助。然而，現代這種少子化的時代中，大多數的人都是獨生子女，或是老大、老么。

與此相比，以前的人際關係或戀愛比較沒有壓力，或者也可以說現代神經纖細的人增加了。

獨生子女的表現能力差，他們不但不會說「我想做什麼」，甚至也不會拒絕地說「我不想做什麼」。

不僅壓抑對方想說的話，而且也不解在什麼時機該說什麼話。

如果你的周圍有很擅長表現自我主張的獨生子女，必定也在人生的某個時期，不論有意識或無意識地，曾累積其他各種訓練。

人際關係中，如果沒有反覆的試行錯誤，是無法學會的。

第一個孩子有很多是不會清楚表達自己意識的孩子，因爲出生後的幾年間，他都被當成獨生子般養育，受雙親的期待與矚目。

不會表達的情形和獨生子類似。但是幾年之後，當弟妹出生後自己累積各種訓練，內心就會變成比獨身子女複雜。

他的頭腦中拚命思考著，但是因爲思考過度，反而有壓抑自己的傾向，因此，無法清楚表達自己。

關於這一點，看前來小兒科就診的孩子，就可以明顯感覺到。

有關於兄弟姐妹的研究指出，人在弟妹出生後，就會因爲自己無法獨占雙親，而感到不安及嫉妒。因爲嫉妒弟弟妹妹吸引了雙親的關心，因此希望「回到小嬰兒」的幼兒很多。這種不安及嫉妒，是人生最辛苦的體驗之一。而經由這種辛苦的體驗，也會影響第一個孩子的性格。

此外，老么在三者中是最會察顏觀色、解讀狀況的人。因爲和年長的兄姐的關係，也培養出其察言觀色的敏銳度。

此外，與第一個孩子比起來，如他不巧妙地自我表現，就無法吸引雙親的眼光，因此他很會意思表示，也比較會撒嬌。他知道利用微笑吸引的對方，這種出生後慢慢累積而成的訓練，對於一個人的影響也非常大。

但也不是只有好處而已。針對前一個孩子的研究指出，下面的孩子對於上面的兄姐有劣等感。

的確，年紀較小的孩子，在語言表達能力及各方面，都一定比不上年紀較大的孩子。即使只差二、三歲的幼兒，差異仍非常大。

但是，這種劣等感也不能說完全是負面的作用，因爲這種劣等感也可以成爲老么心中的彈簧，而使他跳得更高。

♣創造良好人際關係♣

再來看莉莎的例子。她不只在戀愛方面，日常的人際關係也令她非常煩惱。每當中午同事約她一起吃飯時，她就感到非常厭煩。所以她往往一到中午，人就悄悄地消失了。

並不是因爲正在減肥中，所以不喜歡和別人一起用餐，也不是在辦公室受到其他同事欺侮。而是她不知邊吃飯時要找什麼話題和同事聊天，總是非常緊張。所以吃一頓飯下來使她感到非常疲勞。因此，她喜歡自己買麵包，一邊聽耳機的音樂，一邊吃麵包。這種方式對她而言還愉快一些。

一問之下，才知道她從十幾歲開始，就這麼沈浸在自己的世界之中。她離不開耳機，總是獨自聽著耳機做事情。她還留有很濃的獨生女氣質。

她的例子也許比較極端，但是在某種程度上，和現在的年輕人流行的「不會談戀愛」或「不會結婚」的狀態仍有相通之處。

因爲少子化，在雙親的呵護下長大的長男、長女、獨生子女們，現在都變成大人了。換言之，也就是神經質，苦於人際關係的「大人」。

這麼一來使人憂心。也使我認爲以後的結婚會越來越困難了。

當戀愛到達某種深度，決定結婚時，就是最好的時機。

當對方告訴你「要不要和我住在一起」時，這時應該給自己一點「空間」。如果不知該如何面對，則時機可能因此錯過，也許永遠只能和他維持「好朋友」的關係而已。

但是，就在猶豫徘徊之中，降臨給少子化時代的人更嚴重的考驗。

也就是雙親的老化問題。以前的兄弟有五、六人，雙親可由這些兄弟姐妹扶養、照顧。即使雙親倒下、住院了，甚至葬禮時，沈重的負擔都可以由兄弟分攤。然而，像現在只生一、二個孩子，一旦雙親有了意外，就必須靠這一、二個孩子支撐一切了。因此，少子化時代的負擔比以前多子化時代的負擔重得多。

不論從年輕人的內在方面，或是從圍繞在他們周圍的社會環境來看，都充分感受到這是一個充滿結婚難要素的時代。我的確希望現代的年輕人都能擁有精神方面的力量。同時，不要像莉莎這樣封閉在自己的世界中，必須練習與人築起人際關係。一旦與人創造了良好的關係，接下來的就簡單多了。

◆避免傷害身心的減肥法

①眞的太胖了嗎↓ＢＭＩ標準體重＝（身高－100）×0.9。
②確定為什麼要減輕幾公斤↓注意不要過瘦。
③考慮營養均衡↓絕對不可以只吃蘋果或蒟蒻等單種食物的減肥。
④為了維持生命最低限度的必要熱量（基礎代謝量）必須確保↓基礎代謝量（二十歲的女性）＝二·九大卡×標準體重（公斤）。
⑤減重注意事項↓一個月最多只能減少二、三公斤。
⑥養成運動的習慣↓以消耗熱量為目標。
⑦與家人、朋友商量↓當妳一頭栽入，無法自拔時，請他們協助妳。
⑧注意憂鬱的心情↓當體重急速下降時，容易出現憂鬱的心情。
⑨不要只看體重計，也要照照鏡子↓注意肌膚的光澤，或眼睛是否凹陷等。
⑩月經不順時必須注意↓急速減重的情形，更要愼重。
⑪無月經狀況出現時，立即中止↓由於全身機能降低，會形成「激烈消瘦狀態」。

〔第7章〕苦惱是邁向成熟的第一步

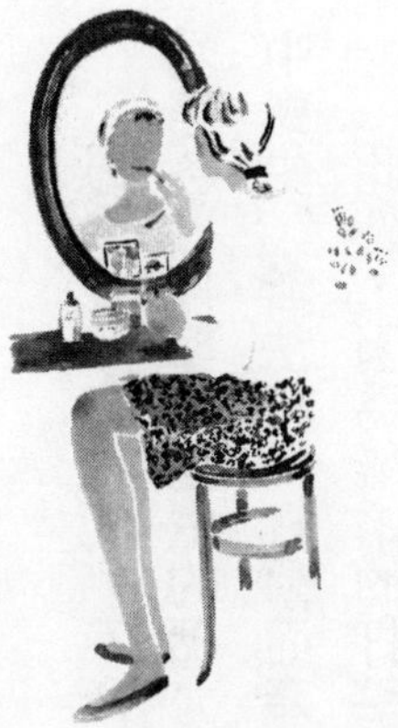

用新的戀情治療失戀的壓力

厭食症不僅由第六章所列舉的減肥所形成，因爲考試、雙親離婚、工作、戀愛等各種打擊所產生的壓力，都會導致吃不下飯。也有女性因爲男友在交通事故中喪生，無法接受打擊而產生厭食症。

此外，因爲離婚的打擊而使本人產生厭食症的例子也不少。

根據華盛頓大學的荷姆茲和雷伊博士的「生活變化壓力尺度」，人生感受到的壓力如果將其數值化，則最高的是配偶死亡，如果以此爲一百，則離婚爲七十三，居於第二位。

二十七歲的小智身高一六三公分，體重不到四十公斤。瘦得連骨盆的形狀都看得出來，肌肉毫無彈性，臉上出現皺紋。

她的頭髮枯黃、表情灰暗，因爲有皺紋之故，所以看起來比實際年齡還老。

肌膚患有濕疹且乾裂。臉上的化妝只有擦口紅而已。她告訴我想調養自己的身體，總是覺得身體到處都有疼痛的感覺。

經常延遲的月經變成無月經是在離婚之後，已經過了將近一年未予理會。同時，還有手腳冰冷、發汗、腹部不舒服等更年期症狀。

雖然我一直強調，無月經是不可以等閒視之的疾病，但是她離婚後因爲生活上有了變化，再加上心理上的壓力，因此根本沒有想到要治療無月經的症狀。

小智是一位聰明的女孩，腦筋轉得很快，而且做事非常認眞。大學畢業後就進入百貨公司上班，負責的工作不少。

她是一位完美主義者，任何事情都要求完美，在她二年半的婚姻生活中，她爲了兼顧家庭及工作而煩惱。

丈夫也能體諒她的工作，但是總希望妻子能準備晚餐及打掃。也許就是因爲丈夫對自己的這種期待感，使得要求完美主義的她對自己有一份苛責的心。此外，有時因爲加班而晚歸時，丈夫也會不高興，這也使得她更有一份罪惡感。

這種壓力一天一天累積，丈夫的存在對她而言成了嚴重的負擔，她逐漸開始厭食。

因爲她的個性，所以即使她依照自己的希望離了婚，也沒有辦法以「很好，從今以後我就可以認眞工作了」的心情面對自己。內心深處仍不斷自責，爲什麼沒有將婚姻生活調適好呢？自己眞笨呀！這種壓力仍然存在她的心中。

♣壓力使得食慾喪失♣

所謂厭食症，不只是吃不下而已，有時候吃光了冰箱中的所有食品，但是又很討厭這麼吃的自己，於是又勉強自己將所有吃下的東西吐出來，這種人也不少。

這種過食的行爲和厭食症一樣，都是壓力性的飲食障礙之一，經常有二種交互發生的情形。而二者都是聽取自己的身體發出的，現在想吃或不想吃之「聲音」的機能無法作用，而引起的症狀。

實際上，其中有些例子是嘔吐時胃酸使得牙齒酸酸的，或者爲了將吃的東西全部吐出來，於是刻意以手指挖喉嚨的情形。

這種以手指挖喉嚨而引起嘔吐的行爲，聽起來好像很疼痛，但是只要習慣後就會發現這是非常簡單的，吐出來會有一種快感，甚至有無法停止的情形。此外，也有因爲吐不出來而依賴瀉藥的人。不管是何種情形，都會對生命造成威脅，是一種危險信號。

但是，並非所有的厭食症都是厭食和過食交互產生。吃太多引起嘔吐的行爲，其根本是自己覺得吃有一種罪惡感。因而大都見於爲了減肥而引起的厭食症狀。像小智這種因爲緊張、壓力，受到打擊而引起的厭食症狀，併發過食症的例子也不少。

小智既不是想減肥，也不是認爲吃會造成罪惡感。她的腦中也知道不吃不行，但是因爲緊張而使她的食慾喪失，只是單純的吃不下而已。

♣無月經奪走身體的年輕♣

當體重比標準體重減輕二成，荷爾蒙的分泌就會異常，開始無月經。更嚴重的是，荷爾蒙異常，使得食慾減低，體重也逐漸減低，造成一種惡性循環。

厭食症基本上屬於心的疾病，而治療無月經，必須切斷這種惡性循環的根本，具有恢復食慾的效果。

放任無月經的症狀長期不管時，休息中的卵巢和子宮的機能就會降低。飲食量減少則胃袋會變小，無法吃下多一點東西、容易骨折，肌肉也會逐漸萎縮，因此身體就會逐漸不能用了。卵巢、子宮萎縮後，將來即使治癒厭食症，體重恢復，也可能引起無月經，及無法排卵。

女性中也許有人會問「沒有月經會發生什麼問題呢」。最大的問題就是不孕症。因爲沒有排卵，所以無法懷孕。不僅如此，無月經可說是停經後女性荷爾蒙的狀態，因此身體無法年輕，體調也不好。

當人的精神獨立，能自主地行動時，內心就會非常充實。這時不僅臉色，連聲音、視線、姿勢都會有精神。這樣就稱爲「心的獨立」。

陷於緊張壓力中，會出現荷爾蒙異常、自律神經失調的患者，經常都會訴說「覺得心情不穩」或「覺得自己的身體中沒有自我」。這就是「心不獨立」的證據。

此外，如果身體內四通八達充滿力氣，自律神經及荷爾蒙平衡良好，腦與卵巢、子宮的連帶作用順暢，月經也規則時，則身心就會非常舒暢，我稱此爲「身體的獨立」。身心是息息相關的。大體而言，心獨立之後，身體也會獨立。

所謂無月經，就是女性的身體「睡眠」狀態的典型。因此，治療上應從身體的獨立著手。基本上採取以藥物補充不足的女性荷爾蒙的方法。

女性荷爾蒙中，有控制發情的卵泡荷爾蒙，及控制懷孕的黃體荷爾蒙二種。檢查的最初使用黃體荷爾蒙。如果使用黃體荷爾蒙之後就有月經，則稱爲第一度無月經，屬於較輕微的症狀。

如果使用黃體荷爾蒙之後還是無月經，就必須同時使用黃體荷爾蒙及卵泡荷爾蒙二種，使用後月經來潮，就稱爲第二度無月經。如果無月經的狀態放置半年至一年以上，大都會進展爲這個症狀。

只要有子宮，則藉由藥物補充不足的荷爾蒙，理論上百分之百都會引起月經。

但是，藉由人力利用藥物引起的月經，通常都沒有排卵。雖然看起來有月經了，但是身體尚未恢復，仍處於睡眠狀態。

這種治療持續三個月之後，第一度的無月經大概就會開始排卵。而治療的目的就是使卵巢排卵，使得身體的律動恢復彈性。如果這麼做仍無法排卵，就必須使用誘發排卵的藥物，觀察身體的反應。

♣使身體獨立♣

長期放任無月經症狀的小智，屬於第二度無月經。因此持續用荷爾蒙劑治療，還是沒有引起她的排卵。

不知不覺地過了二年。這時她已經從離婚的創傷中走出來，厭食症也慢慢地治好了，體重開始恢復。她投入工作，表情有精神，可說精神方面已恢復獨立，但是無月經的症狀還是沒有辦法治癒。

內心獨立，吃得下飯了，但是並不代表身體獨立了。兩者之間多少還是有些差異，最壞的情形，是再怎麼持續治療，都沒有辦法依自己的體力使月經來潮。

此外，身體不獨立的人，通常都是身體對於壓力的承受性較低。由厭食症中恢復的小智，有時候也會因爲工作忙碌，而回到以前的厭食症狀，體重有時也會開始往下滑落。

開始治療三年後，小智的大轉機出現了。這時她決定再婚。

要使一個人從愛情的創傷中重新站起來，新戀情是非常有效的。但是，厭食症的情形，是一吃就覺得緊張、有壓力，身體也非常辛苦，因此普通情形下，非常不適合談戀愛，甚至荷爾蒙異常而引起異常的消瘦，並且肌膚出現皺紋、濕疹等症狀。也有女性因為害怕自己不能懷孕而排拒婚姻。

小智現在的狀態還不能稱為好，因為她仍然無月經。但是，在同一公司上班的他並不在意這一點。他欣賞她的認眞，及對於工作的執著。

婚後她繼續治療無月經，但由於心情逐漸開朗起來，她已經從離婚的陰影中跳出來了，疾病也慢慢恢復。現任丈夫給她非常大的支持，她終於能夠排卵，而且也懷孕了。

內心獨立時，身體也獨立了。這是瞬間的事情。

「好孩子」的典型症狀

並不是因爲減肥或厭食症導致身體的損失，也不是因爲戀愛或工作造成精神上的壓力，然而仍有因無月經而煩惱者。

小由（假名）二十五歲。單身、身高一五〇公分，體重四十六公斤，屬於嬌小身材，不胖也不瘦的體型。但是她自從離開雙親，獨自在外生活，念大學開始，就出現無月經的症狀。原因也許是因爲獨自生活而比較緊張，而且第一次離開雙親，產生精神上的壓迫感、飲食生活不規則，導致身體的負擔增加，因此，出現無月經的症狀。

這種情形，也許回到家中月經突然又來了。即使本人不在意，這卻是身心受到壓力的證據。

許多人都能排除壓力，成爲眞正的社會人，但是從幼年開始，神經就非常纖細，經不起壓力的小由，很可惜並無法做到這一點。大學畢業後，她只要不依賴藥力，月經就不來，即使開始上班後通勤回家，症狀仍然持續，身體沒有恢復。

小由從小就非常聽雙親的話，也就是所謂的「好孩子」、優等生。即使是就業問題，也是依照雙親的希望擔任市公所的職員。所謂優等生，就是雙親或老師說什麼，就會依照他們的期待而說話、行動。小由就是這種典型。

因此，不論在家中或學校，她幾乎都沒有讓父母或老師生氣。在家中比她小四歲的弟弟，總是惹父母生氣，小由經常被誇獎為「真不愧是個大姐」。

但是，從小學開始，每當舉行遠足或運動會之前，小由一定會發高燒，並且嘔吐，檢查結果並無法確定原因，因此診斷為自律神經失調症。

這亦即總是配合父母或老師的期望，神經纖細的孩子之典型症狀。

♣遠離依賴的心理♣

前來婦科就診的患者中，有很多都是由母親陪伴來的。尤其是年輕就無月經的患者，更有這種傾向。如果是國中生，由母親陪伴則很正常，但是我認為高中生以上的患者，基本上應該自己前來就診。

根據我的經驗，由母親陪伴前來的患者，她們的症狀比較不容易恢復正常。爲什麼呢？因爲由母親陪伴表示還有依賴心。在無月經治療的過程中，過於保護或依賴心都是禁物。精神獨立非常重要。

然而，即使我這麼說，還是有很多女孩要母親陪伴才能來醫院。即使女兒已過了二十歲，母親仍將其視爲孩子般，認爲當然要陪她。對於雙親而言，小孩的成長、獨立是值得高興的，但另一方面，也想將孩子掌握在自己手中，捨不得放手。

越是「好孩子」，依賴母親的心情就越強，因爲她總是被視爲孩子般地對待。或是因爲母親捨不得孩子離開自己，一直在孩子身邊照顧孩子的寵愛心理也可能。

但是無論如何，這都會導致患者的依賴心過強，連測量基礎體溫都沒有辦法徹底執行，治療進行不順利。

也有母親陪女兒來診所後，就由母親逐一報告女兒的狀況，「吃了藥之後現在已經有月經了」，她在女兒面前代爲說出排卵及月經的狀況。甚至也有的母親非常了解女兒是否有性經驗。已經成爲大人的女兒，還將自己的性經驗，一一向母親報告，這是爲什麼呢？我實在想不通。

但是，老實說，女兒有沒有性關係，對於母親而言也是非常掛心的問題。

事實上，當我自己的女兒在二十歲左右有了男朋友時，我也不知道她是否曾和男友發生過性關係，我也曾經想問她這個問題。

當時我盡量以不在乎的語氣問她，但是女兒對我說：「媽媽應該問這種問題嗎？」甚至她還問我：「不可以發生性關係嗎？」

「不是不可以發生性關係，但是大體而言必須依照順序，一步一步來……。」我這麼回答她。這時女兒冷冷地說：「哦，大人總是說不要做這種事情。」說著就走回自己的房間了。結果我還是不知道女兒到底有沒有和男友發生性關係。但現在想想，還是不要知道比較好。

如果當時她告訴我「有呀」，則一般的雙親都會受到相當大的打擊。即使我因爲職業的關係，所以我知道有的女孩子在國中、高中就已經有性經驗了，但是如果是自己的女兒發生這種問題，就另當別論了。

這種心情是沒有辦法用任何理由說明的。因此我認爲，親子間到了某種年紀時，就應該保持適度的距離，彼此都應該保有自己的秘密。也就是從這個地步出發，人才會長大。

♣改變與母親的關係，做另一種「好孩子」♣

從月經到性關係，一切都告訴母親的人，由某種意義上來說，也許可以稱爲「好孩子」，但是這種好孩子在不知不覺中，就會依照雙親的眼光而選擇自己的人生。

換言之，就和青春期前的優等生一樣，總是配合雙親的期待而採取行動。努力用功、認眞就業、不去夜遊，也不會發生性行爲……。這種女兒的行動，一切都依照母親的希望進行，然而恐怕會產生本人都不敢將「自己」擺在前面的危險。

然而，小由是獨自來診所，所以她並不是很依賴母親的類型。但是，對於自己的無月經，她表示「那麼將來也許沒有辦法生小孩，如果母親知道了，不知道會有多傷心」，由此看來，她對於母親具有強烈的意識。

另外，當我對她說也許可以辭去工作，專心治療無月經症狀時，她也直接說「如果辭去市公所的工作，母親會傷心……」的理由而拒絕。

壓力的承受度極端弱的小由的性格，從她小時候的親子關係就可以看出來了。正常的發育過程，三、四歲時是第一次反抗期，十三、四歲左右的青春期是第二次反抗期。前者是伴隨身體獨立的自我主張。相對於此，後者屬於伴隨精神獨立的自我主張。精神的獨立，就像第二個生日一樣。就像出生時的痛苦一樣，在第二次反抗期，也有的小孩將雙親及教師弄得暈頭轉向的。

這是由小孩變成大人的過渡期，也是精神上離開雙親．自我確立的重要時期。然而，對於過食症或壓力性無月經的患者而言，真懷疑他們沒有第二次反抗期，而小由就是其中一人。

「表現自己」是成爲大人的必要過程。如果因爲某種理由，無法將自己表現在外的孩子，到了青春期，也許就會以拒絕上學或厭食症等，向自己的內心攻擊的型態表現出來。換言之，厭食症就是無法以普通的型態發散出來的「自己」，以扭曲的型態顯現出來的「反抗」的象徵，也就是「自我主張」。

反抗期、厭食症、拒絕上學……這些都是在成長過程中所出現的，出現的程度如何，或以什麼樣的方式出現，具有個別差異，但是既然出現了，就必須超越它。

小由的情形是，她自覺到不可以再這樣下去，因此她非常了解自己的狀況。只要改變和母親的關係，當另外一種「好孩子」更勇敢地表現出「自己」，那麼她在精神方面就能有更強的力量。當然，這需要花一點時間。

理想的母女關係是陷阱

壓力性無月經或厭食症等，往往和母親有關係。通常容易發生在「被母親寵愛的孩子」身上。這些孩子在青春期時，並沒有對雙親產生反抗，因此其自我無法萌芽。換言之，精神上沒有辦法獨立，所以對於壓力的承受性較弱，身心都無法站起來。

但是，並不全然是患者與母親的關係。其中也有乍看之下屬於非常理想的母女關係的。因爲擔心女兒的厭食症，心碎到了極點的春美（假名）的母親就是這種類型，「我一直這麼疼她，沒想到她卻……」。

春美有厭食傾向，開始時是高中一年級的春天。從此，大約三年期間來往於大學附設醫院的精神科，但是都無法治好。到了高中三年級時，出現無月經症狀，她們到我的診所時，春美身高一五三公分，體重只有三十五公斤。她看起來是個沈穩的孩子，而且禮儀端正。

我看過很多厭食症患者，總括而言大都是像春美這種認眞的「好孩子」。專職的家庭主婦母親和女兒一樣，非常纖細。父親是國家高等公務員，二個妹妹也都很優秀。週末時一家五口經常出外購物，或是到餐廳用餐。母親非常努力地維持這種理想的家庭。

也看不出母親對女兒有過於保護的傾向。她第一次來診所時是由母親陪同前來，但是第二次之後，春美就獨自前來。我要她寫出她吃些什麼的習題，也不是由母親代筆，而是由春美自己很整齊地寫在便條紙上。當然她寫出來的食品非常少，幾乎不吃飯和肉，只吃少量的包心菜、白菜等等葉菜類。就像小鳥的食物一樣。

對於女兒的情形，母親也在菜單上下了很大的工夫，而且她也針對青春期女兒調配特殊的飲食，由這方面來看，母親對她眞是盡心盡力了。

另一方面，春美沒有減肥的必要，而且三姐妹的感情非常好，她現在讀的中學可以直升大學，所以她也沒有接受考試的壓力。幾乎找不到成爲問題的問題，她只是吃不下。

♣姐妹都出現厭食症的例子♣

總而言之，爲了使身體恢復原狀，開始進行治療。值得慶幸的是，春美本人也有治療疾病的意志。如果我要她多喝牛奶，則下一次的便條紙上她就會記載喝了「牛奶」。接下來我們又往另一個目標邁進。由於她的配合，無月經的治療逐漸進步。這也是患者和醫生配合產生了療效。

大約持續治療了一年之後，春美有了大轉機。春美進入大學的那年春天，因爲父親工作的關係，所以全家人一起搬家。

厭食症及無月經症狀都還沒有完全治好的春美，決定一個人留在原來的家中。這對於家人或春美而言，都是非常果斷的決定。

而由於這個契機，她逐漸能夠吃下東西了，體重也逐漸恢復，不久之後不必依靠藥力，她有月經了。

當時，我和春美間逐漸形成朋友之間互相照顧的關係。

能和朋友建立投緣的關係，對於精神的發育是很重要的指標。因爲藉由他人的關係，可以確認自己的位置。對方不管是親戚、朋友、戀人、教師，或是醫生，首先應該建立一個良好的人際關係。

然而，由於厭食症而內心還沒有完全建立時，維持這種關係有點困難，因爲這個時候本人會顯得比較畏縮，所以很難有新的交友機會。

然而，我從春美身上看到女孩般嬌羞的表情，是在她大學一年級結束時。這和她吃不下時有很明顯的差異。我問她原因，她不好意思地說「有男朋友了」，我第一次看到她嬌羞的笑臉。

內心獨立之後，身體也能獨立，接下來就會和喜愛的人相遇。這三者也經常同時發生。從此之後，她幾乎可以不用服藥，自己的身體就能順利運作了，治療到此時告一段落。

但是，過了不久後，換成她家的三女出現厭食症。

症狀和春美幾乎完全一樣。既不是爲了減肥而不吃，也不是爲了其他壓力而不吃，不知道爲什麼，就是沒有辦法吃下東西。姐妹二人相繼產生厭食症，於是母親有點自責地說是不是自己的養育方法有什麼錯誤。

♣小孩子受母親的影響很大♣

和春美的接觸中，我並不認爲她的母親有什麼重大的缺失。也許和每個家庭一樣，一開始雙親都將目光集中在長女春美的身上，結果漸漸養成春美神經質的個性，由於雙親將注意力集中在厭食症的姐姐身上，所以次女平安地度過青春期。然而，當春美獨自生活時，雙親又將焦點放在三女身上，使得三女感受到壓力，也出現厭食症。

雖然受到雙親的注意，但是應該還不至於形成壓力。但是由於遺傳了母親纖細的氣質，所以女兒們好像對於雙親的視線過度敏感。或是由於在非常了解小孩子的理想雙親面前，女兒們並沒有找到可以反抗的場所。

不論如何，這都是很微妙的「心的問題」。並不是單純的「母親不好」就可以解釋的問題。或許母親也有寵孩子的一面。此外，由於母親非常努力地養育孩子，也許如此較不敢放手，但是也不能說這就是造成姐妹厭食症的原因。因爲在相同的環境下成長的次女，就沒有出現這種症狀。

雖然次女和其他姐妹一樣，屬於感情纖細的女孩，但是她的個性非常開朗，所以她在長大成人的階段沒有厭食症的經驗。

因此，不管母親的方式是否有問題，小孩子接受雙親的影響之深，是在「不知不覺」中承受的，也有可能因此而受傷。

♣孩子越過雙親這個障礙♣

以前曾經有因爲自律神經失調及無月經而到醫院治療的二十五歲到三十歲之間的患者，她因爲非常在意自己的父母親離婚，所以不論和她談什麼話，歸根究底她都會說「都是父母親的錯」。

國中時受其他人欺悔，無法和他人維持良好的人際關係、失戀而無法恢復等，她都怪罪於父母親離婚，因此她非常恨雙親。

她有自我學習的精神，經常會研究精神醫學方面的書，所以她在這方面的知識非常豐富。她曾經說「在我的內心中有一個受傷的自己」，但是她並不會爲了醫治這個受傷的自己，或是找出這個傷原所在而往解決的方向前進。她只是不平不滿地說沒有辦法原諒雙親，將自己限定在一個小框框裡。

父母親離婚，父親在外面有女人，和姐姐一起生活……。人很容易因爲雙親的各種言行而受傷。我在大學時曾經聊到「中學時代受打擊最深的一件事」時，有一位教授說了以下的話。

某個盛夏時，我想去上廁所。上廁所時一定要經過父母房間前的走廊。當時父母的房門開著，房中的床上掛著蚊帳。

我突然看見父母在蚊帳中全身赤裸地擁抱在一起。由於出生後這是第一次看到雙親這種姿態，所以我受到相當大的打擊。雙親發覺我看到了，就慌慌張張地叫到「有蚊子」，假裝開始打蚊子的樣子。但是這種事實是無法消失的。因此這件事一直存在於我的腦海中，我也因此而受了傷。

人眞的是會因各式各樣的事情而受傷。當雙親中風倒下後，成爲現在病中的樣子。現在想起來，當時正是最好的時期。到了我這個年紀時回想當初的時代，覺得當時他們的感情那麼好，不正是愛情的流露嗎？

換言之，我們對於雙親的很多事情都是可以原諒的。

雙親對孩子而言，是一種障礙。過度理想、離婚、是否擁抱……。這些姿態呈現在孩子的面前，都可以使一個小孩子受傷。

人必須越過這個障礙，形成自己。不要被和自己的關係最密切的雙親所牽引，而倨限在自己的小世界中，這樣子不論經過多長的時間，都無法成長，妳也無法遇到完美的戀情。

♣測量基礎體溫，了解自己的身體♣

因爲失戀而引起憂鬱的症狀，荷爾蒙異常的人，或是出現厭食症、無月經的人，我都會反覆要求她們「測量基礎體溫」。

能夠有恆心，規律地測量基礎體溫的人，大概就可以治好異常。如果沒有辦法做到這一點，不管經過多少時間，都沒有辦法治癒。基礎體溫不只是治療的基本而已，而且妳是否有恆心的測量基礎體溫，也可以看出妳想治療疾病的慾望有多大。

除了精神面，實際上使身體順暢的效果也不容忽視。

爲什麼量基礎體溫，就可以知道身體的情形呢？關於這一點必須加以說明。

每天早上量基礎體溫，自己看著體溫，腦中就會出現「今天是第〇天」的資訊。資訊是一種刺激，這種刺激會影響支配腦部荷爾蒙的分泌，慢慢地月經就會規則化了。

例如，在行事曆上的排卵日，妳的身體忘了這一天時，腦部就會修正這種錯誤。同樣的情況也會發生在脈搏及血壓上。

脈搏受自律神經所支配，原則上無法依照自己的意識讓它快或慢。但是，當自己一邊看著心電圖或腦波時，就會下意識地說「看望脈搏快一點」或「慢一點」，經由這種陸續的訓練，就可以達到某種程度的控制。

亦即心電圖或腦波資料的刺激，由眼睛傳到腦部，再傳到自律神經。

一般而言，了解受自律神經支配的脈搏及血壓，使得數值起變化，這種情形稱爲生物反饋（也就是將生物體的神經和生理狀態變成某種形式的刺激訊息，再將這個訊息傳送給生物體本身）。藉由測量基礎體溫，使月經正常化，廣義而言，也是屬於生物反饋。

無月經分爲幾個階段。如果是極輕微的無月經，也許可以不必依賴藥物，只要測量基礎體溫，就可以使月經正常化。利用藥物使月經來潮，或利用生物反饋的方法，都是爲了使身體重新順暢的輔助方法。

測量基礎體溫，是使妳的內心與身體得到交流的機會。

當身、心能夠進行交流時，就容易產生生物反饋的現象，而妳的身體才能更健全。

春美的妹妹到現在還是處於厭食狀態中。此外，不原諒雙親離婚的女性，她的自律神經失調及荷爾蒙異常都一直無法治癒。

她們不僅不談戀愛，而且還一直煩惱以前的事情，將自己鎖在一個小世界中。但是，只要能夠踏出第一步，就可以使侷限自己的框框毀壞。如此一來，應該能使自己的心靈及身體擁有重新站起來的機會。我們每個人不就都是在超越障礙的煩惱中一點一滴地成長嗎？

談戀愛也許會受傷。結婚後和他人一起生活，會有新的壓力。育子更不用說了，是非常辛苦的工作。而這些事情在每個人身上都是平等的。

但是，雖然我們的心靈容易受傷，另外一方面也有其柔軟、堅強的一面，即使不斷面對失意，也能一次次地越過障礙。我們具有使自己痊癒的能力。不必畏懼障礙。

◆**使內心成長不畏懼壓力的自我成長檢查**

①是否責怪雙親將自己侷限在小框框中。
②是否爲了配合周圍的期待，而使自己非常疲憊。
③對於與人交往，是否採取消極的態度。
④是否害怕心靈交往的「戀愛」。
⑤是否具有交往很久的朋友。與人深交有助於內心的成長。
⑥是否測量基礎體溫。是否能控制自己的身體。
⑦是否將自己的身體交給其他人處理。是否將內心的獨立及身體的獨立視爲兩個個體。
⑧是否了解導致今日的狀況自己也有責任。
⑨能否清楚向對方表達ＹＥＳ或ＮＯ。
⑩自我意識是否過剩。他人其實不會那麼在乎妳的（缺點）。
⑪是否能直視自己的心。
⑫是否經常拿自己和他人比較。

中村理英子

一九四六年出生於日本東京。七〇年畢業於東邦大學醫學院。

歷任同大學的婦科教室職，和同爲婦產科醫師的丈夫一起開業。任職於東京大塚的中村診所。九一年於東京下北澤自己的中村診所開業，育有一男一女。

著有「牛角麵包」「LEE」等女性書籍。活躍於電視及雜誌界。

著書『從來沒有問過任何的事—女性性常識四六則謊言！』、『使女性身心免於緊張之書』，編修『圖解女性醫學』等。

大展出版社有限公司　圖書目錄

地址：台北市北投區(石牌)
致遠一路二段 12 巷 1 號
郵撥：0166955～1
電話：(02)28236031
28236033
傳真：(02)28272069

・法律專欄連載・電腦編號 58

台大法學院　法律學系／策劃
法律服務社／編著

1. 別讓您的權利睡著了 1　200 元
2. 別讓您的權利睡著了 2　200 元

・秘傳占卜系列・電腦編號 14

1.	手相術	淺野八郎著	180 元
2.	人相術	淺野八郎著	150 元
3.	西洋占星術	淺野八郎著	180 元
4.	中國神奇占卜	淺野八郎著	150 元
5.	夢判斷	淺野八郎著	150 元
6.	前世、來世占卜	淺野八郎著	150 元
7.	法國式血型學	淺野八郎著	150 元
8.	靈感、符咒學	淺野八郎著	150 元
9.	紙牌占卜學	淺野八郎著	150 元
10.	ESP 超能力占卜	淺野八郎著	150 元
11.	猶太數的秘術	淺野八郎著	150 元
12.	新心理測驗	淺野八郎著	160 元
13.	塔羅牌預言秘法	淺野八郎著	200 元

・趣味心理講座・電腦編號 15

1.	性格測驗① 探索男與女	淺野八郎著	140 元
2.	性格測驗② 透視人心奧秘	淺野八郎著	140 元
3.	性格測驗③ 發現陌生的自己	淺野八郎著	140 元
4.	性格測驗④ 發現你的真面目	淺野八郎著	140 元
5.	性格測驗⑤ 讓你們吃驚	淺野八郎著	140 元
6.	性格測驗⑥ 洞穿心理盲點	淺野八郎著	140 元
7.	性格測驗⑦ 探索對方心理	淺野八郎著	140 元
8.	性格測驗⑧ 由吃認識自己	淺野八郎著	160 元
9.	性格測驗⑨ 戀愛知多少	淺野八郎著	160 元
10.	性格測驗⑩ 由裝扮瞭解人心	淺野八郎著	160 元

11.	性格測驗⑪ 敲開內心玄機	淺野八郎著	140 元
12.	性格測驗⑫ 透視你的未來	淺野八郎著	160 元
13.	血型與你的一生	淺野八郎著	160 元
14.	趣味推理遊戲	淺野八郎著	160 元
15.	行為語言解析	淺野八郎著	160 元

・婦 幼 天 地・電腦編號 16

1.	八萬人減肥成果	黃靜香譯	180 元
2.	三分鐘減肥體操	楊鴻儒譯	150 元
3.	窈窕淑女美髮秘訣	柯素娥譯	130 元
4.	使妳更迷人	成　玉譯	130 元
5.	女性的更年期	官舒妍編譯	160 元
6.	胎內育兒法	李玉瓊編譯	150 元
7.	早產兒袋鼠式護理	唐岱蘭譯	200 元
8.	初次懷孕與生產	婦幼天地編譯組	180 元
9.	初次育兒 12 個月	婦幼天地編譯組	180 元
10.	斷乳食與幼兒食	婦幼天地編譯組	180 元
11.	培養幼兒能力與性向	婦幼天地編譯組	180 元
12.	培養幼兒創造力的玩具與遊戲	婦幼天地編譯組	180 元
13.	幼兒的症狀與疾病	婦幼天地編譯組	180 元
14.	腿部苗條健美法	婦幼天地編譯組	180 元
15.	女性腰痛別忽視	婦幼天地編譯組	150 元
16.	舒展身心體操術	李玉瓊編譯	130 元
17.	三分鐘臉部體操	趙薇妮著	160 元
18.	生動的笑容表情術	趙薇妮著	160 元
19.	心曠神怡減肥法	川津祐介著	130 元
20.	內衣使妳更美麗	陳玄茹譯	130 元
21.	瑜伽美姿美容	黃靜香編著	180 元
22.	高雅女性裝扮學	陳珮玲譯	180 元
23.	蠶糞肌膚美顏法	坂梨秀子著	160 元
24.	認識妳的身體	李玉瓊譯	160 元
25.	產後恢復苗條體態	居理安・芙萊喬著	200 元
26.	正確護髮美容法	山崎伊久江著	180 元
27.	安琪拉美姿養生學	安琪拉蘭斯博瑞著	180 元
28.	女體性醫學剖析	增田豐著	220 元
29.	懷孕與生產剖析	岡部綾子著	180 元
30.	斷奶後的健康育兒	東城百合子著	220 元
31.	引出孩子幹勁的責罵藝術	多湖輝著	170 元
32.	培養孩子獨立的藝術	多湖輝著	170 元
33.	子宮肌瘤與卵巢囊腫	陳秀琳編著	180 元
34.	下半身減肥法	納他夏・史達賓著	180 元
35.	女性自然美容法	吳雅菁編著	180 元
36.	再也不發胖	池園悅太郎著	170 元

37. 生男生女控制術	中垣勝裕著	220 元
38. 使妳的肌膚更亮麗	楊 皓編著	170 元
39. 臉部輪廓變美	芝崎義夫著	180 元
40. 斑點、皺紋自己治療	高須克彌著	180 元
41. 面皰自己治療	伊藤雄康著	180 元
42. 隨心所欲瘦身冥想法	原久子著	180 元
43. 胎兒革命	鈴木丈織著	180 元
44. NS 磁氣平衡法塑造窈窕奇蹟	古屋和江著	180 元
45. 享瘦從腳開始	山田陽子著	180 元
46. 小改變瘦 4 公斤	宮本裕子著	180 元
47. 軟管減肥瘦身	高橋輝男著	180 元
48. 海藻精神秘美容法	劉名揚編著	180 元
49. 肌膚保養與脫毛	鈴木真理著	180 元
50. 10 天減肥 3 公斤	彤雲編輯組	180 元
51. 穿出自己的品味	西村玲子著	220 元

·青春天地· 電腦編號 17

1. A 血型與星座	柯素娥編譯	160 元
2. B 血型與星座	柯素娥編譯	160 元
3. O 血型與星座	柯素娥編譯	160 元
4. AB 血型與星座	柯素娥編譯	120 元
5. 青春期性教室	呂貴嵐編譯	130 元
6. 事半功倍讀書法	王毅希編譯	150 元
7. 難解數學破題	宋釗宜編譯	130 元
9. 小論文寫作秘訣	林顯茂編譯	120 元
11. 中學生野外遊戲	熊谷康編著	120 元
12. 恐怖極短篇	柯素娥編譯	130 元
13. 恐怖夜話	小毛驢編譯	130 元
14. 恐怖幽默短篇	小毛驢編譯	120 元
15. 黑色幽默短篇	小毛驢編譯	120 元
16. 靈異怪談	小毛驢編譯	130 元
17. 錯覺遊戲	小毛驢編著	130 元
18. 整人遊戲	小毛驢編著	150 元
19. 有趣的超常識	柯素娥編譯	130 元
20. 哦！原來如此	林慶旺編譯	130 元
21. 趣味競賽 100 種	劉名揚編譯	120 元
22. 數學謎題入門	宋釗宜編譯	150 元
23. 數學謎題解析	宋釗宜編譯	150 元
24. 透視男女心理	林慶旺編譯	120 元
25. 少女情懷的自白	李桂蘭編譯	120 元
26. 由兄弟姊妹看命運	李玉瓊編譯	130 元
27. 趣味的科學魔術	林慶旺編譯	150 元
28. 趣味的心理實驗室	李燕玲編譯	150 元

29. 愛與性心理測驗	小毛驢編譯	130 元
30. 刑案推理解謎	小毛驢編譯	130 元
31. 偵探常識推理	小毛驢編譯	130 元
32. 偵探常識解謎	小毛驢編譯	130 元
33. 偵探推理遊戲	小毛驢編譯	130 元
34. 趣味的超魔術	廖玉山編著	150 元
35. 趣味的珍奇發明	柯素娥編著	150 元
36. 登山用具與技巧	陳瑞菊編著	150 元
37. 性的漫談	蘇燕謀編著	180 元
38. 無的漫談	蘇燕謀編著	180 元
39. 黑色漫談	蘇燕謀編著	180 元
40. 白色漫談	蘇燕謀編著	180 元

・健康天地・電腦編號 18

1. 壓力的預防與治療	柯素娥編譯	130 元
2. 超科學氣的魔力	柯素娥編譯	130 元
3. 尿療法治病的神奇	中尾良一著	130 元
4. 鐵證如山的尿療法奇蹟	廖玉山譯	120 元
5. 一日斷食健康法	葉慈容編譯	150 元
6. 胃部強健法	陳炳崑譯	120 元
7. 癌症早期檢查法	廖松濤譯	160 元
8. 老人痴呆症防止法	柯素娥編譯	130 元
9. 松葉汁健康飲料	陳麗芬編譯	130 元
10. 揉肚臍健康法	永井秋夫著	150 元
11. 過勞死、猝死的預防	卓秀貞編譯	130 元
12. 高血壓治療與飲食	藤山順豐著	150 元
13. 老人看護指南	柯素娥編譯	150 元
14. 美容外科淺談	楊啟宏著	150 元
15. 美容外科新境界	楊啟宏著	150 元
16. 鹽是天然的醫生	西英司郎著	140 元
17. 年輕十歲不是夢	梁瑞麟譯	200 元
18. 茶料理治百病	桑野和民著	180 元
19. 綠茶治病寶典	桑野和民著	150 元
20. 杜仲茶養顏減肥法	西田博著	150 元
21. 蜂膠驚人療效	瀨長良三郎著	180 元
22. 蜂膠治百病	瀨長良三郎著	180 元
23. 醫藥與生活(一)	鄭炳全著	180 元
24. 鈣長生寶典	落合敏著	180 元
25. 大蒜長生寶典	木下繁太郎著	160 元
26. 居家自我健康檢查	石川恭三著	160 元
27. 永恆的健康人生	李秀鈴譯	200 元
28. 大豆卵磷脂長生寶典	劉雪卿譯	150 元
29. 芳香療法	梁艾琳譯	160 元

30. 醋長生寶典　柯素娥譯　180 元
31. 從星座透視健康　席拉・吉蒂斯著　180 元
32. 愉悅自在保健學　野本二士夫著　160 元
33. 裸睡健康法　丸山淳士等著　160 元
34. 糖尿病預防與治療　藤田順豐著　180 元
35. 維他命長生寶典　菅原明子著　180 元
36. 維他命 C 新效果　鐘文訓編　150 元
37. 手、腳病理按摩　堤芳朗著　160 元
38. AIDS 瞭解與預防　彼得塔歇爾著　180 元
39. 甲殼質殼聚糖健康法　沈永嘉譯　160 元
40. 神經痛預防與治療　木下真男著　160 元
41. 室內身體鍛鍊法　陳炳崑編著　160 元
42. 吃出健康藥膳　劉大器編著　180 元
43. 自我指壓術　蘇燕謀編著　160 元
44. 紅蘿蔔汁斷食療法　李玉瓊編著　150 元
45. 洗心術健康秘法　竺翠萍編譯　170 元
46. 枇杷葉健康療法　柯素娥編譯　180 元
47. 抗衰血癒　楊啟宏著　180 元
48. 與癌搏鬥記　逸見政孝著　180 元
49. 冬蟲夏草長生寶典　高橋義博著　170 元
50. 痔瘡・大腸疾病先端療法　宮島伸宜著　180 元
51. 膠布治癒頑固慢性病　加瀨建造著　180 元
52. 芝麻神奇健康法　小林貞作著　170 元
53. 香煙能防止癡呆？　高田明和著　180 元
54. 穀菜食治癌療法　佐藤成志著　180 元
55. 貼藥健康法　松原英多著　180 元
56. 克服癌症調和道呼吸法　帶津良一著　180 元
57. B 型肝炎預防與治療　野村喜重郎著　180 元
58. 青春永駐養生導引術　早島正雄著　180 元
59. 改變呼吸法創造健康　原久子著　180 元
60. 荷爾蒙平衡養生秘訣　出村博著　180 元
61. 水美肌健康法　井戶勝富著　170 元
62. 認識食物掌握健康　廖梅珠編著　170 元
63. 痛風劇痛消除法　鈴木吉彥著　180 元
64. 酸莖菌驚人療效　上田明彥著　180 元
65. 大豆卵磷脂治現代病　神津健一著　200 元
66. 時辰療法—危險時刻凌晨 4 時　呂建強等著　180 元
67. 自然治癒力提升法　帶津良一著　180 元
68. 巧妙的氣保健法　藤平墨子著　180 元
69. 治癒 C 型肝炎　熊田博光著　180 元
70. 肝臟病預防與治療　劉名揚編著　180 元
71. 腰痛平衡療法　荒井政信著　180 元
72. 根治多汗症、狐臭　稻葉益巳著　220 元
73. 40 歲以後的骨質疏鬆症　沈永嘉譯　180 元

74. 認識中藥　松下一成著　180 元
75. 認識氣的科學　佐佐木茂美著　180 元
76. 我戰勝了癌症　安田伸著　180 元
77. 斑點是身心的危險信號　中野進著　180 元
78. 艾波拉病毒大震撼　玉川重德著　180 元
79. 重新還我黑髮　桑名隆一郎著　180 元
80. 身體節律與健康　林博史著　180 元
81. 生薑治萬病　石原結實著　180 元
82. 靈芝治百病　陳瑞東著　180 元
83. 木炭驚人的威力　大槻彰著　200 元
84. 認識活性氧　井土貴司著　180 元
85. 深海鮫治百病　廖玉山編著　180 元
86. 神奇的蜂王乳　井上丹治著　180 元
87. 卡拉 OK 健腦法　東潔著　180 元
88. 卡拉 OK 健康法　福田伴男著　180 元
89. 醫藥與生活(二)　鄭炳全著　200 元
90. 洋蔥治百病　宮尾興平著　180 元
91. 年輕 10 歲快步健康法　石塚忠雄著　180 元
92. 石榴的驚人神效　岡本順子著　180 元
93. 飲料健康法　白鳥早奈英著　180 元

・實用女性學講座・電腦編號 19

1. 解讀女性內心世界　島田一男著　150 元
2. 塑造成熟的女性　島田一男著　150 元
3. 女性整體裝扮學　黃靜香編著　180 元
4. 女性應對禮儀　黃靜香編著　180 元
5. 女性婚前必修　小野十傳著　200 元
6. 徹底瞭解女人　田口二州著　180 元
7. 拆穿女性謊言 88 招　島田一男著　200 元
8. 解讀女人心　島田一男著　200 元
9. 俘獲女性絕招　志賀貢著　200 元
10. 愛情的壓力解套　中村理英子著　200 元

・校園系列・電腦編號 20

1. 讀書集中術　多湖輝著　150 元
2. 應考的訣竅　多湖輝著　150 元
3. 輕鬆讀書贏得聯考　多湖輝著　150 元
4. 讀書記憶秘訣　多湖輝著　150 元
5. 視力恢復！超速讀術　江錦雲譯　180 元
6. 讀書 36 計　黃柏松編著　180 元
7. 驚人的速讀術　鐘文訓編著　170 元

8. 學生課業輔導良方	多湖輝著	180 元
9. 超速讀超記憶法	廖松濤編著	180 元
10. 速算解題技巧	宋釗宜編著	200 元
11. 看圖學英文	陳炳崑編著	200 元
12. 讓孩子最喜歡數學	沈永嘉譯	180 元

・實用心理學講座・電腦編號 21

1. 拆穿欺騙伎倆	多湖輝著	140 元
2. 創造好構想	多湖輝著	140 元
3. 面對面心理術	多湖輝著	160 元
4. 偽裝心理術	多湖輝著	140 元
5. 透視人性弱點	多湖輝著	140 元
6. 自我表現術	多湖輝著	180 元
7. 不可思議的人性心理	多湖輝著	180 元
8. 催眠術入門	多湖輝著	150 元
9. 責罵部屬的藝術	多湖輝著	150 元
10. 精神力	多湖輝著	150 元
11. 厚黑說服術	多湖輝著	150 元
12. 集中力	多湖輝著	150 元
13. 構想力	多湖輝著	150 元
14. 深層心理術	多湖輝著	160 元
15. 深層語言術	多湖輝著	160 元
16. 深層說服術	多湖輝著	180 元
17. 掌握潛在心理	多湖輝著	160 元
18. 洞悉心理陷阱	多湖輝著	180 元
19. 解讀金錢心理	多湖輝著	180 元
20. 拆穿語言圈套	多湖輝著	180 元
21. 語言的內心玄機	多湖輝著	180 元
22. 積極力	多湖輝著	180 元

・超現實心理講座・電腦編號 22

1. 超意識覺醒法	詹蔚芬編譯	130 元
2. 護摩秘法與人生	劉名揚編譯	130 元
3. 秘法！超級仙術入門	陸明譯	150 元
4. 給地球人的訊息	柯素娥編著	150 元
5. 密教的神通力	劉名揚編著	130 元
6. 神秘奇妙的世界	平川陽一著	180 元
7. 地球文明的超革命	吳秋嬌譯	200 元
8. 力量石的秘密	吳秋嬌譯	180 元
9. 超能力的靈異世界	馬小莉譯	200 元
10. 逃離地球毀滅的命運	吳秋嬌譯	200 元

11. 宇宙與地球終結之謎　南山宏著　200元
12. 驚世奇功揭秘　傅起鳳著　200元
13. 啟發身心潛力心象訓練法　栗田昌裕著　180元
14. 仙道術遁甲法　高藤聰一郎著　220元
15. 神通力的秘密　中岡俊哉著　180元
16. 仙人成仙術　高藤聰一郎著　200元
17. 仙道符咒氣功法　高藤聰一郎著　220元
18. 仙道風水術尋龍法　高藤聰一郎著　200元
19. 仙道奇蹟超幻像　高藤聰一郎著　200元
20. 仙道鍊金術房中法　高藤聰一郎著　200元
21. 奇蹟超醫療治癒難病　深野一幸著　220元
22. 揭開月球的神秘力量　超科學研究會　180元
23. 西藏密教奧義　高藤聰一郎著　250元
24. 改變你的夢術入門　高藤聰一郎著　250元

・養生保健・電腦編號 23

1. 醫療養生氣功　黃孝寬著　250元
2. 中國氣功圖譜　余功保著　230元
3. 少林醫療氣功精粹　井玉蘭著　250元
4. 龍形實用氣功　吳大才等著　220元
5. 魚戲增視強身氣功　宮　嬰著　220元
6. 嚴新氣功　前新培金著　250元
7. 道家玄牝氣功　張　章著　200元
8. 仙家秘傳袪病功　李遠國著　160元
9. 少林十大健身功　秦慶豐著　180元
10. 中國自控氣功　張明武著　250元
11. 醫療防癌氣功　黃孝寬著　250元
12. 醫療強身氣功　黃孝寬著　250元
13. 醫療點穴氣功　黃孝寬著　250元
14. 中國八卦如意功　趙維漢著　180元
15. 正宗馬禮堂養氣功　馬禮堂著　420元
16. 秘傳道家筋經內丹功　王慶餘著　280元
17. 三元開慧功　辛桂林著　250元
18. 防癌治癌新氣功　郭　林著　180元
19. 禪定與佛家氣功修煉　劉天君著　200元
20. 顛倒之術　梅自強著　360元
21. 簡明氣功辭典　吳家駿編　360元
22. 八卦三合功　張全亮著　230元
23. 朱砂掌健身養生功　楊永著　250元
24. 抗老功　陳九鶴著　230元
25. 意氣按穴排濁自療法　黃啟運編著　250元
26. 陳式太極拳養生功　陳正雷著　200元

・社會人智囊・電腦編號 24

1.	糾紛談判術	清水增三著	160 元
2.	創造關鍵術	淺野八郎著	150 元
3.	觀人術	淺野八郎著	180 元
4.	應急詭辯術	廖英迪編著	160 元
5.	天才家學習術	木原武一著	160 元
6.	貓型狗式鑑人術	淺野八郎著	180 元
7.	逆轉運掌握術	淺野八郎著	180 元
8.	人際圓融術	澀谷昌三著	160 元
9.	解讀人心術	淺野八郎著	180 元
10.	與上司水乳交融術	秋元隆司著	180 元
11.	男女心態定律	小田晉著	180 元
12.	幽默說話術	林振輝編著	200 元
13.	人能信賴幾分	淺野八郎著	180 元
14.	我一定能成功	李玉瓊譯	180 元
15.	獻給青年的嘉言	陳蒼杰譯	180 元
16.	知人、知面、知其心	林振輝編著	180 元
17.	塑造堅強的個性	坂上肇著	180 元
18.	為自己而活	佐藤綾子著	180 元
19.	未來十年與愉快生活有約	船井幸雄著	180 元
20.	超級銷售話術	杜秀卿譯	180 元
21.	感性培育術	黃靜香編著	180 元
22.	公司新鮮人的禮儀規範	蔡媛惠譯	180 元
23.	傑出職員鍛鍊術	佐佐木正著	180 元
24.	面談獲勝戰略	李芳黛譯	180 元
25.	金玉良言撼人心	森純大著	180 元
26.	男女幽默趣典	劉華亭編著	180 元
27.	機智說話術	劉華亭編著	180 元
28.	心理諮商室	柯素娥譯	180 元
29.	如何在公司崢嶸頭角	佐佐木正著	180 元
30.	機智應對術	李玉瓊編著	200 元
31.	克服低潮良方	坂野雄二著	180 元
32.	智慧型說話技巧	沈永嘉編著	180 元
33.	記憶力、集中力增進術	廖松濤編著	180 元
34.	女職員培育術	林慶旺編著	180 元
35.	自我介紹與社交禮儀	柯素娥編著	180 元
36.	積極生活創幸福	田中真澄著	180 元
37.	妙點子超構想	多湖輝著	180 元
38.	說 NO 的技巧	廖玉山編著	180 元
39.	一流說服力	李玉瓊編著	180 元
40.	般若心經成功哲學	陳鴻蘭編著	180 元
41.	訪問推銷術	黃靜香編著	180 元

42.	男性成功秘訣	陳蒼杰編著	180元
43.	笑容、人際智商	宮川澄子著	180元
44.	多湖輝的構想工作室	多湖輝著	200元

・精選系列・電腦編號 25

1.	毛澤東與鄧小平	渡邊利夫等著	280元
2.	中國大崩裂	江戶介雄著	180元
3.	台灣・亞洲奇蹟	上村幸治著	220元
4.	7-ELEVEN 高盈收策略	國友隆一著	180元
5.	台灣獨立（新・中國日本戰爭一）	森詠著	200元
6.	迷失中國的末路	江戶雄介著	220元
7.	2000 年 5 月全世界毀滅	紫藤甲子男著	180元
8.	失去鄧小平的中國	小島朋之著	220元
9.	世界史爭議性異人傳	桐生操著	200元
10.	淨化心靈享人生	松濤弘道著	220元
11.	人生心情診斷	賴藤和寬著	220元
12.	中美大決戰	檜山良昭著	220元
13.	黃昏帝國美國	莊雯琳譯	220元
14.	兩岸衝突（新・中國日本戰爭二）	森詠著	220元
15.	封鎖台灣（新・中國日本戰爭三）	森詠著	220元
16.	中國分裂（新・中國日本戰爭四）	森詠著	220元
17.	由女變男的我	虎井正衛著	200元
18.	佛學的安心立命	松濤弘道著	220元

・運動遊戲・電腦編號 26

1.	雙人運動	李玉瓊譯	160元
2.	愉快的跳繩運動	廖玉山譯	180元
3.	運動會項目精選	王佑京譯	150元
4.	肋木運動	廖玉山譯	150元
5.	測力運動	王佑宗譯	150元
6.	游泳入門	唐桂萍編著	200元

・休閒娛樂・電腦編號 27

1.	海水魚飼養法	田中智浩著	300元
2.	金魚飼養法	曾雪玫譯	250元
3.	熱門海水魚	毛利匡明著	480元
4.	愛犬的教養與訓練	池田好雄著	250元
5.	狗教養與疾病	杉浦哲著	220元
6.	小動物養育技巧	三上昇著	300元
20.	園藝植物管理	船越亮二著	220元

・銀髮族智慧學・電腦編號 28

1.	銀髮六十樂逍遙	多湖輝著	170 元
2.	人生六十反年輕	多湖輝著	170 元
3.	六十歲的決斷	多湖輝著	170 元
4.	銀髮族健身指南	孫瑞台編著	250 元

・飲 食 保 健・電腦編號 29

1.	自己製作健康茶	大海淳著	220 元
2.	好吃、具藥效茶料理	德永睦子著	220 元
3.	改善慢性病健康藥草茶	吳秋嬌譯	200 元
4.	藥酒與健康果菜汁	成玉編著	250 元
5.	家庭保健養生湯	馬汴梁編著	220 元
6.	降低膽固醇的飲食	早川和志著	200 元
7.	女性癌症的飲食	女子營養大學	280 元
8.	痛風者的飲食	女子營養大學	280 元
9.	貧血者的飲食	女子營養大學	280 元
10.	高脂血症者的飲食	女子營養大學	280 元
11.	男性癌症的飲食	女子營養大學	280 元
12.	過敏者的飲食	女子營養大學	280 元
13.	心臟病的飲食	女子營養大學	280 元
14.	滋陰壯陽的飲食	王增著	220 元

・家庭醫學保健・電腦編號 30

1.	女性醫學大全	雨森良彥著	380 元
2.	初為人父育兒寶典	小瀧周曹著	220 元
3.	性活力強健法	相建華著	220 元
4.	30 歲以上的懷孕與生產	李芳黛編著	220 元
5.	舒適的女性更年期	野末悅子著	200 元
6.	夫妻前戲的技巧	笠井寬司著	200 元
7.	病理足穴按摩	金慧明著	220 元
8.	爸爸的更年期	河野孝旺著	200 元
9.	橡皮帶健康法	山田晶著	180 元
10.	三十三天健美減肥	相建華等著	180 元
11.	男性健美入門	孫玉祿編著	180 元
12.	強化肝臟秘訣	主婦の友社編	200 元
13.	了解藥物副作用	張果馨譯	200 元
14.	女性醫學小百科	松山榮吉著	200 元
15.	左轉健康法	龜田修等著	200 元
16.	實用天然藥物	鄭炳全編著	260 元
17.	神秘無痛平衡療法	林宗駛著	180 元

18. 膝蓋健康法	張果馨譯	180 元
19. 針灸治百病	葛書翰著	250 元
20. 異位性皮膚炎治癒法	吳秋嬌譯	220 元
21. 禿髮白髮預防與治療	陳炳崑編著	180 元
22. 埃及皇宮菜健康法	飯森薰著	200 元
23. 肝臟病安心治療	上野幸久著	220 元
24. 耳穴治百病	陳抗美等著	250 元
25. 高效果指壓法	五十嵐康彥著	200 元
26. 瘦水、胖水	鈴木園子著	200 元
27. 手針新療法	朱振華著	200 元
28. 香港腳預防與治療	劉小惠譯	200 元
29. 智慧飲食吃出健康	柯富陽編著	200 元
30. 牙齒保健法	廖玉山編著	200 元
31. 恢復元氣養生食	張果馨譯	200 元
32. 特效推拿按摩術	李玉田著	200 元
33. 一週一次健康法	若狹真著	200 元
34. 家常科學膳食	大塚滋著	220 元
35. 夫妻們關心的男性不孕	原利夫著	220 元
36. 自我瘦身美容	馬野詠子著	200 元
37. 魔法姿勢益健康	五十嵐康彥著	200 元
38. 眼病錘療法	馬栩周著	200 元
39. 預防骨質疏鬆症	藤田拓男著	200 元
40. 骨質增生效驗方	李吉茂編著	250 元
41. 蕺菜健康法	小林正夫著	200 元
42. 赧於啟齒的男性煩惱	增田豐著	220 元
43. 簡易自我健康檢查	稻葉允著	250 元
44. 實用花草健康法	友田純子著	200 元
45. 神奇的手掌療法	日比野喬著	230 元
46. 家庭式三大穴道療法	刑部忠和著	200 元
47. 子宮癌、卵巢癌	岡島弘幸著	220 元

・超經營新智慧・電腦編號 31

1. 躍動的國家越南	林雅倩譯	250 元
2. 甦醒的小龍菲律賓	林雅倩譯	220 元
3. 中國的危機與商機	中江要介著	250 元
4. 在印度的成功智慧	山內利男著	220 元
5. 7-ELEVEN 大革命	村上豐道著	200 元
6. 業務員成功秘方	呂育清編著	200 元

・心 靈 雅 集・電腦編號 00

1. 禪言佛語看人生	松濤弘道著	180 元

2. 禪密教的奧秘	葉逯謙譯	120 元
3. 觀音大法力	田口日勝著	120 元
4. 觀音法力的大功德	田口日勝著	120 元
5. 達摩禪 106 智慧	劉華亭編譯	220 元
6. 有趣的佛教研究	葉逯謙編譯	170 元
7. 夢的開運法	蕭京凌譯	130 元
8. 禪學智慧	柯素娥編譯	130 元
9. 女性佛教入門	許俐萍譯	110 元
10. 佛像小百科	心靈雅集編譯組	130 元
11. 佛教小百科趣談	心靈雅集編譯組	120 元
12. 佛教小百科漫談	心靈雅集編譯組	150 元
13. 佛教知識小百科	心靈雅集編譯組	150 元
14. 佛學名言智慧	松濤弘道著	220 元
15. 釋迦名言智慧	松濤弘道著	220 元
16. 活人禪	平田精耕著	120 元
17. 坐禪入門	柯素娥編譯	150 元
18. 現代禪悟	柯素娥編譯	130 元
19. 道元禪師語錄	心靈雅集編譯組	130 元
20. 佛學經典指南	心靈雅集編譯組	130 元
21. 何謂「生」阿含經	心靈雅集編譯組	150 元
22. 一切皆空　般若心經	心靈雅集編譯組	180 元
23. 超越迷惘　法句經	心靈雅集編譯組	130 元
24. 開拓宇宙觀　華嚴經	心靈雅集編譯組	180 元
25. 真實之道　法華經	心靈雅集編譯組	130 元
26. 自由自在　涅槃經	心靈雅集編譯組	130 元
27. 沈默的教示　維摩經	心靈雅集編譯組	150 元
28. 開通心眼　佛語佛戒	心靈雅集編譯組	130 元
29. 揭秘寶庫　密教經典	心靈雅集編譯組	180 元
30. 坐禪與養生	廖松濤譯	110 元
31. 釋尊十戒	柯素娥編譯	120 元
32. 佛法與神通	劉欣如編著	120 元
33. 悟（正法眼藏的世界）	柯素娥編譯	120 元
34. 只管打坐	劉欣如編著	120 元
35. 喬答摩・佛陀傳	劉欣如編著	120 元
36. 唐玄奘留學記	劉欣如編著	120 元
37. 佛教的人生觀	劉欣如編譯	110 元
38. 無門關(上卷)	心靈雅集編譯組	150 元
39. 無門關(下卷)	心靈雅集編譯組	150 元
40. 業的思想	劉欣如編著	130 元
41. 佛法難學嗎	劉欣如著	140 元
42. 佛法實用嗎	劉欣如著	140 元
43. 佛法殊勝嗎	劉欣如著	140 元
44. 因果報應法則	李常傳編	180 元
45. 佛教醫學的奧秘	劉欣如編著	150 元

46. 紅塵絕唱	海　若著	130 元
47. 佛教生活風情	洪丕謨、姜玉珍著	220 元
48. 行住坐臥有佛法	劉欣如著	160 元
49. 起心動念是佛法	劉欣如著	160 元
50. 四字禪語	曹洞宗青年會	200 元
51. 妙法蓮華經	劉欣如編著	160 元
52. 根本佛教與大乘佛教	葉作森編	180 元
53. 大乘佛經	定方晟著	180 元
54. 須彌山與極樂世界	定方晟著	180 元
55. 阿闍世的悟道	定方晟著	180 元
56. 金剛經的生活智慧	劉欣如著	180 元
57. 佛教與儒教	劉欣如編譯	180 元
58. 佛教史入門	劉欣如編譯	180 元
59. 印度佛教思想史	劉欣如編譯	200 元
60. 佛教與女姓	劉欣如編譯	180 元
61. 禪與人生	洪丕謨主編	260 元

・經 營 管 理・電腦編號 01

◎ 創新經營管理六十六大計(精)	蔡弘文編	780 元
1. 如何獲取生意情報	蘇燕謀譯	110 元
2. 經濟常識問答	蘇燕謀譯	130 元
4. 台灣商戰風雲錄	陳中雄著	120 元
5. 推銷大王秘錄	原一平著	180 元
6. 新創意・賺大錢	王家成譯	90 元
7. 工廠管理新手法	琪　輝著	120 元
10. 美國實業 24 小時	柯順隆譯	80 元
11. 撼動人心的推銷法	原一平著	150 元
12. 高竿經營法	蔡弘文編	120 元
13. 如何掌握顧客	柯順隆譯	150 元
17. 一流的管理	蔡弘文編	150 元
18. 外國人看中韓經濟	劉華亭譯	150 元
20. 突破商場人際學	林振輝編著	90 元
22. 如何使女人打開錢包	林振輝編著	100 元
24. 小公司經營策略	王嘉誠著	160 元
25. 成功的會議技巧	鐘文訓編譯	100 元
26. 新時代老闆學	黃柏松編著	100 元
27. 如何創造商場智囊團	林振輝編譯	150 元
28. 十分鐘推銷術	林振輝編譯	180 元
29. 五分鐘育才	黃柏松編譯	100 元
33. 自我經濟學	廖松濤編譯	100 元
34. 一流的經營	陶田生編著	120 元
35. 女性職員管理術	王昭國編譯	120 元
36. ＩＢＭ的人事管理	鐘文訓編譯	150 元

37. 現代電腦常識	王昭國編譯	150 元
38. 電腦管理的危機	鐘文訓編譯	120 元
39. 如何發揮廣告效果	王昭國編譯	150 元
40. 最新管理技巧	王昭國編譯	150 元
41. 一流推銷術	廖松濤編譯	150 元
42. 包裝與促銷技巧	王昭國編譯	130 元
43. 企業王國指揮塔	松下幸之助著	120 元
44. 企業精銳兵團	松下幸之助著	120 元
45. 企業人事管理	松下幸之助著	100 元
46. 華僑經商致富術	廖松濤編譯	130 元
47. 豐田式銷售技巧	廖松濤編譯	180 元
48. 如何掌握銷售技巧	王昭國編著	130 元
50. 洞燭機先的經營	鐘文訓編譯	150 元
52. 新世紀的服務業	鐘文訓編譯	100 元
53. 成功的領導者	廖松濤編譯	120 元
54. 女推銷員成功術	李玉瓊編譯	130 元
55. ＩＢＭ人才培育術	鐘文訓編譯	100 元
56. 企業人自我突破法	黃琪輝編著	150 元
58. 財富開發術	蔡弘文編著	130 元
59. 成功的店舖設計	鐘文訓編著	150 元
61. 企管回春法	蔡弘文編著	130 元
62. 小企業經營指南	鐘文訓編譯	100 元
63. 商場致勝名言	鐘文訓編譯	150 元
64. 迎接商業新時代	廖松濤編譯	100 元
66. 新手股票投資入門	何朝乾編著	200 元
67. 上揚股與下跌股	何朝乾編譯	180 元
68. 股票速成學	何朝乾編譯	200 元
69. 理財與股票投資策略	黃俊豪編著	180 元
70. 黃金投資策略	黃俊豪編著	180 元
71. 厚黑管理學	廖松濤編譯	180 元
72. 股市致勝格言	呂梅莎編譯	180 元
73. 透視西武集團	林谷燁編譯	150 元
76. 巡迴行銷術	陳蒼杰譯	150 元
77. 推銷的魔術	王嘉誠譯	120 元
78. 60 秒指導部屬	周蓮芬編譯	150 元
79. 精銳女推銷員特訓	李玉瓊編譯	130 元
80. 企劃、提案、報告圖表的技巧	鄭汶譯	180 元
81. 海外不動產投資	許達守編譯	150 元
82. 八百伴的世界策略	李玉瓊譯	150 元
83. 服務業品質管理	吳宜芬譯	180 元
84. 零庫存銷售	黃東謙編譯	150 元
85. 三分鐘推銷管理	劉名揚編譯	150 元
86. 推銷大王奮鬥史	原一平著	150 元
87. 豐田汽車的生產管理	林谷燁編譯	150 元

・成 功 寶 庫・電腦編號 02

1.	上班族交際術	江森滋著	100 元
2.	拍馬屁訣竅	廖玉山編譯	110 元
4.	聽話的藝術	歐陽輝編譯	110 元
9.	求職轉業成功術	陳義編著	110 元
10.	上班族禮儀	廖玉山編著	120 元
11.	接近心理學	李玉瓊編著	100 元
12.	創造自信的新人生	廖松濤編著	120 元
15.	神奇瞬間瞑想法	廖松濤編譯	100 元
16.	人生成功之鑰	楊意苓編著	150 元
19.	給企業人的諍言	鐘文訓編著	120 元
20.	企業家自律訓練法	陳義編譯	100 元
21.	上班族妖怪學	廖松濤編著	100 元
22.	猶太人縱橫世界的奇蹟	孟佑政編著	110 元
25.	你是上班族中強者	嚴思圖編著	100 元
30.	成功頓悟 100 則	蕭京凌編譯	130 元
32.	知性幽默	李玉瓊編譯	130 元
33.	熟記對方絕招	黃靜香編譯	100 元
37.	察言觀色的技巧	劉華亭編著	180 元
38.	一流領導力	施義彥編譯	120 元
40.	30 秒鐘推銷術	廖松濤編譯	150 元
41.	猶太成功商法	周蓮芬編譯	120 元
42.	尖端時代行銷策略	陳蒼杰編著	100 元
43.	顧客管理學	廖松濤編著	100 元
44.	如何使對方說 Yes	程羲編著	150 元
47.	上班族口才學	楊鴻儒譯	120 元
48.	上班族新鮮人須知	程羲編著	120 元
49.	如何左右逢源	程羲編著	130 元
50.	語言的心理戰	多湖輝著	130 元
55.	性惡企業管理學	陳蒼杰譯	130 元
56.	自我啟發 200 招	楊鴻儒編著	150 元
57.	做個傑出女職員	劉名揚編著	130 元
58.	靈活的集團營運術	楊鴻儒編著	120 元
60.	個案研究活用法	楊鴻儒編著	130 元
61.	企業教育訓練遊戲	楊鴻儒編著	120 元
62.	管理者的智慧	程義編譯	130 元
63.	做個佼佼管理者	馬筱莉編譯	130 元
67.	活用禪學於企業	柯素娥編譯	130 元
69.	幽默詭辯術	廖玉山編譯	150 元
70.	拿破崙智慧箴言	柯素娥編譯	130 元
71.	自我培育・超越	蕭京凌編譯	150 元
74.	時間即一切	沈永嘉編譯	130 元

國家圖書館出版品預行編目資料

愛情的壓力解套/中村里英子；劉小惠譯
——初版，——臺北市，大展，［1998］民87
面；21公分，——（實用女性學講座；10）
譯自：疲れる戀愛癒される戀愛
ISBN 957-557-836-8（平裝）
1.戀愛
544.37 87008018

愛情的壓力解套

ISBN 957-557-836-8
原 著 者/ 中村理英子
編 譯 者/ 劉 小 惠
發 行 人/ 蔡 森 明
出 版 者/ 大展出版社有限公司
社 址/ 台北市北投區（石牌）致遠一路2段12巷1號
電 話/（02）28236031・28236033
傳 真/（02）28272069
郵政劃撥/ 0166955-1
登 記 證/ 局版臺業字第2171號
承 印 者/ 國順圖書印刷公司
裝 訂/ 嶸興裝訂有限公司
排 版 者/ 弘益電腦排版有限公司
電 話/（02）27403609・27112792
初版1刷/ 1998年（民87年） 8月

定 價/ 200元

●本書若有破損、缺頁敬請寄回本社更換●

大展好書 好書大展